Marianne Bert

W0337494

Le guide complet des couches lavables

THIERRY SOUCCAR ÉDITIONS

BONUS

Afin de vous remercier d'avoir acheté
Le Guide complet des couches lavables, l'autrice vous offre
la possibilité d'accéder à des contenus exclusifs sur le site du guide :
www.guide-couches-lavables.fr.

Certaines pages seront accessibles uniquement grâce à ce code :
15GUIDE19CL21

Vous pourrez notamment trouver des vidéos de pliages de langes,
des démonstrations pratiques pour l'entretien et l'utilisation des couches
et des tutos couture en vidéo !

Conception graphique et mise en page : Émilie Boismoreau
Illustrations : © Alexandre Bertrel

ISBN : 978-2-36549-455-7
ISBN ebook : 978-2-36549-456-4

Dépôt légal : 4e trimestre 2020

Imprimé et façonné en France sur les presses de SEPEC (Péronnas)
N° d'impression : 10184200656

IMPRIM'VERT®

PEFC 10-31-1470 / **Certifié PEFC** / Ce produit est issu de forêts gérées durablement et de sources contrôlées. / pefc-france.org

Sommaire

ALLEZ MON CŒUR ! ON PASSE EN MODE LÉOPARD !

Préface

“ J'ai commencé à utiliser les couches lavables en 2008 pour la naissance de mon premier enfant. À l'époque, j'avais choisi cette méthode pour des raisons écologiques évidentes, mais également parce que je trouvais cela absolument génial et magnifique de voir les fesses de ma fille toutes décorées !

Tout s'est très bien passé pour moi et pour elle, et également pour mon fils, trois ans après. Mais depuis que je me suis lancée corps et âme dans le zéro déchet, j'ai eu l'occasion de recevoir beaucoup de témoignages de parents qui n'y arrivent pas, qui abandonnent, qui ne savent pas par où commencer ou qui hésitent à franchir le pas.

Ce guide tombe à pic. J'en avais rêvé. Marianne l'a fait. Il répond à toutes les questions des parents et j'espère qu'il leur fera apprécier l'aventure comme cela a été le cas pour moi. Très bonne lecture à tous ! "

Bénédicte Moret

Introduction

Comme dit ma fille Emma, je suis « experte en couches lavables ». Cette « expertise » dont vous allez bénéficier avec ce livre, je la dois à un parcours professionnel et familial de près de dix années, dix ans jalonnés d'expérimentations et riche de rencontres.

Comment je suis tombée dans la marmite…

En 2010, j'étais gérante d'une agence de garde d'enfants à Paris, et à cette époque, je commençais à m'intéresser tout doucement à l'écologie. Les premiers bébés de mes amis pointaient le bout de leur nez et je leur cherchais des cadeaux de naissance utiles et durables. Pour les besoins de mon métier, je passais beaucoup de temps sur les réseaux sociaux, et c'est ainsi que des publicités pour des couches lavables ont commencé à apparaître sur mon écran et que j'ai découvert ces petits trésors.

Peu de temps après, j'ai rencontré mon mari, Alexandre. Tous deux convaincus qu'un avenir meilleur est possible pour la planète et l'humanité, nous avons décidé assez rapidement de nous reproduire, afin de créer d'autres petits écolos en puissance… Et à la naissance de ma fille Emma en 2015, je me suis lancée un défi de taille : trouver LA couche lavable idéale pour nous ! J'ai passé beaucoup de temps à comparer les modèles, les matières, les marques mais à l'époque je n'ai pas trouvé ce qui nous convenait vraiment, surtout pour la nuit.

Au même moment, sur le plan professionnel, je décidais d'ouvrir une microcrèche écoresponsable et pour moi, il était évident que les enfants porteraient des couches lavables. J'ai donc complété mes petites connaissances en suivant une formation. Et me voilà devenue conseillère en couches lavables ! J'animais des ateliers le soir et le week-end, et je proposais quelques couches en location, en plus de ma fonction de directrice de crèche.

En 2018, lorsque j'ai appris que j'étais enceinte de mon deuxième enfant, Vadim, j'ai pris la décision de me consacrer entièrement à cette activité d'accompagnante parentale.

Aujourd'hui, j'ai accumulé plus de dix ans d'expérience, dix années au cours desquelles j'ai pu tester des centaines de couches lavables, j'ai essayé différentes routines d'entretien pour trouver la plus efficace, j'ai accompagné des centaines de familles dans l'utilisation des couches lavables au quotidien.

Il est temps pour moi de partager tout ce que j'ai appris non seulement pour éviter de nombreux déboires aux débutants mais pour que cette pratique considérée d'un autre temps devienne à nouveau la norme. J'aimerais transmettre ce savoir, comme le ferait une mère ou une grand-mère.

Le guide complet pour se lancer dans l'aventure avec sérénité

Ce livre, vous l'aurez compris, a donc pour objectif d'accompagner les parents dans l'univers des couches lavables. Il s'adresse à tous ceux qui ont perdu des heures à chercher des renseignements sur Internet, se sentent submergés par toutes ces informations et ne savent pas comment s'y prendre. Par ailleurs, lors des ateliers que j'anime, j'ai remarqué que les mêmes questions revenaient souvent. Ce livre est l'occasion pour moi d'y répondre en étant la plus exhaustive possible : quel système choisir, quelle matière privilégier, dans quels cas le voile de protection est indispensable, comment nouer un lange, que penser de la location, comment entretenir les couches pour qu'elles durent le plus longtemps possible, comment éviter les fuites et les odeurs, etc.

Si à la fin de votre lecture, une de vos questions restait sans réponse, je vous invite à me contacter via le site www.guide-couches-lavables.fr que j'ai créé spécialement pour ce livre. Je me ferai un plaisir de vous répondre. Vous y retrouverez des vidéos (de change par exemple), la liste des marques de couche que je recommande (liste régulièrement mise à jour) et une liste des crèches qui acceptent ou fournissent des couches lavables. Mais aussi de nombreuses informations complémentaires sur les couches jetables, le zéro déchet.

Avertissement pour les lecteurs sensibles, les mots caca et pipi vont revenir très très souvent dans ce guide.

Bonne lecture,

Marianne

1

Anatomie d'une couche lavable

Dans l'ancien temps, les couches lavables étaient constituées d'un simple lange, attaché par une épingle à nourrice. Aujourd'hui, elles se présentent exactement comme des couches jetables et sont tout aussi pratiques et faciles à utiliser.

Une couche lavable est toujours composée d'au moins deux éléments : une partie absorbante qui peut être un insert, une couche ou un lange et une partie imperméable qu'on appelle surcouche ou culotte.

LA PARTIE ABSORBANTE va retenir les selles et l'urine. Elle peut être 100 % naturelle (en chanvre ou en coton), partiellement naturelle (en Tencel™ ou en viscose de bambou) ou synthétique (en microfibre ou en polaire).

LA PARTIE IMPERMÉABLE va venir envelopper la partie absorbante afin de garantir la bonne étanchéité de la couche. Elle permet donc d'éviter les fuites et les odeurs. Elle peut être en matière synthétique (du tissu PUL) ou en matière naturelle (de la laine vierge).

LA PARTIE ABSORBANTE

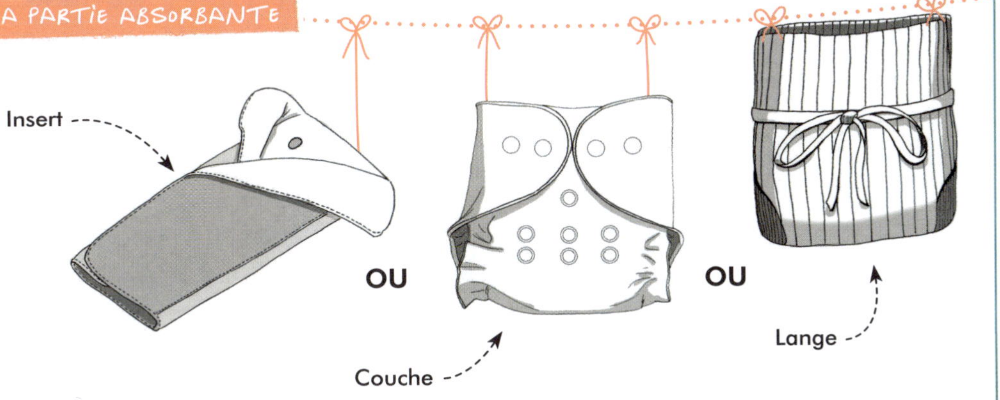

LA PARTIE IMPERMÉABLE

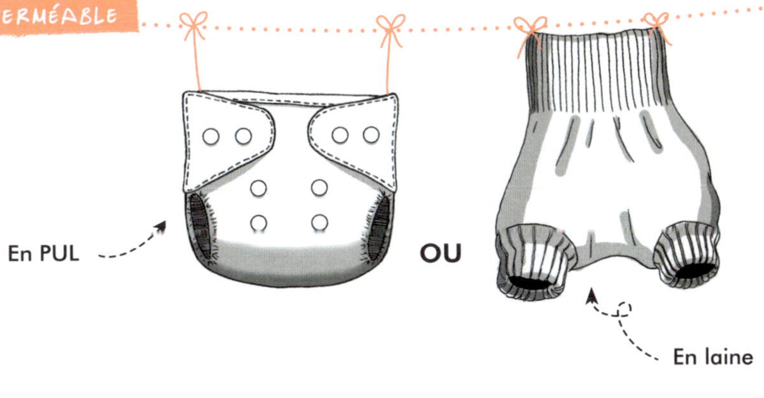

2

4 bonnes raisons de passer des jetables aux lavables

Les couches lavables ont de nombreux avantages (si, si, elles en ont) et ils ne sont pas négligeables : elles sont économiques, écologiques, respectueuses de la santé de bébé… Comment dire non aux couches lavables ?

Avant d'entrer dans le vif du sujet, j'aimerais préciser que les informations données n'ont pas pour objectif de culpabiliser les parents utilisateurs occasionnels de couches jetables. Nous (l'humanité et l'environnement) avons plus besoin d'une majorité de parents qui utilisent partiellement des changes lavables, que d'une poignée d'irréductibles utilisateurs à 100 %. Même si ces laveurs de l'extrême ont toute notre admiration bien sûr. De plus, il est fort probable qu'en commençant à les utiliser progressivement, vous vous surpreniez à aimer ça ! Dans ce cas, ne consultez pas immédiatement, c'est normal. Le zéro déchet est addictif !

On économise de l'argent

En achetant des **couches jetables**, qui coûtent entre 0,15 € et 0,50 € pièce, à raison de 5,5 changes par jour sur 2 ans et demi – soit 5 000 couches –, vous dépenserez entre 750 € et 2 500 € pour votre bébé, de la naissance à l'acquisition de la continence.

Un équipement complet de **couches lavables** de qualité va coûter entre 200 € pour des couches de seconde main et 1 000 € pour un équipement neuf d'une marque « haut de gamme ». En moyenne, vous dépenserez environ 500 € pour un lot suffisant de couches neuves d'une marque française (nous verrons plus loin ce qu'est un lot suffisant).

Il faudra ajouter autour de 300 € [1] pour l'entretien de vos couches sur 3 ans. Cela comprend les dépenses en eau, en électricité ainsi que l'achat de lessive,

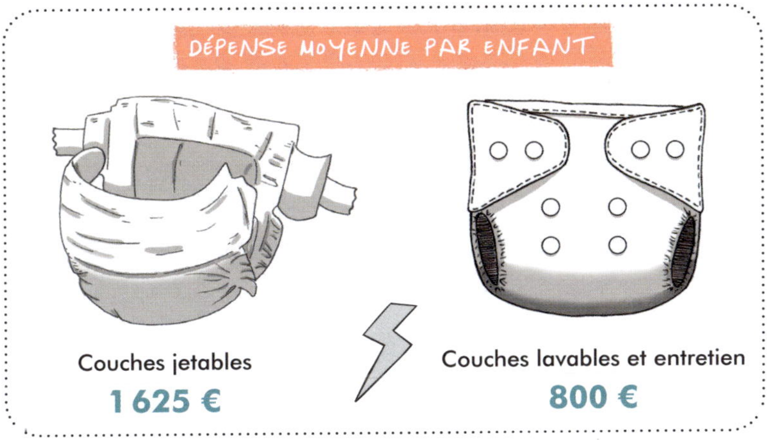

1. Coût estimé pour une machine de linge effectuée tous les 3 jours avec une dose de lessive et 4 boites de voiles par an. La dépense peut varier si vous utilisez un sèche-linge ou si vous n'utilisez pas de voiles par exemple.

de produits décrassants/détachants et d'accessoires utiles, comme les voiles de protections (voir page 46). Sachant que vous pourrez revendre vos couches – si elles sont de bonne qualité et bien entretenues – autour de 60 % de leur prix initial ou les utiliser pour 2 ou 3 enfants, l'économie est **non négligeable**.

À SAVOIR : la dépense liée aux couches lavables sera seulement de 300 € pour le deuxième enfant et toujours de 1625 € en moyenne si vous utilisez des couches jetables.

On réduit son impact écologique

Consommation d'eau

La fabrication de 5 000 couches jetables nécessite 26 000 litres d'eau alors qu'un équipement de couches lavables en requiert seulement 11 000. Cette eau sert à la fabrication des couches (cultures, teintures) et à leur entretien.

Consommation de ressources [2]

Vingt-cinq kilogrammes de plastique soit 67 kg de pétrole sont nécessaires pour fabriquer l'équivalent de deux ans et demi de couches jetables.

Pour un équipement de couches lavables, cela dépend des matières que vous choisirez. Vous pouvez opter pour le « tout naturel » avec une partie absorbante en coton ou en chanvre et des culottes en laine. Dans ce cas, la quantité de pétrole utilisée sera nulle. Si vous optez pour une partie absorbante en microfibre ou des

2. Sources des chiffres : *LeMonde.fr – Consoglobe.com – Hamac.fr*

surcouches synthétiques, alors quelques grammes de pétrole transformés en plastique seront nécessaires, une quantité bien moins importante que pour des dizaines de paquets de couches jetables bien sûr.

Le transport des matières premières et des produits finis

Ce que l'on sait pour les **couches jetables** : la cellulose, l'un des principaux composants des couches à usage unique vient, dans le meilleur des cas, de Finlande. Les marques ayant obtenu le label FSC utilisent de la cellulose provenant de forêts gérées durablement. Les marques n'ayant pas obtenu ce label ne communiquent généralement pas sur la provenance de leur cellulose et il est difficile de savoir également d'où viennent les autres matières qui composent les couches : polypropylène, polyacrylate, colle, éventuels parfums et lotions… Aucune marque ne le précise. Au moment de l'écriture de ce livre, seules les couches Pommette® (marque du distributeur Intermarché), Joone® et Petits Culottés® sont fabriquées en France, les autres sont confectionnées en Pologne, en République tchèque, en Espagne ou en Allemagne. Ensuite, une fois sortis de l'usine, songez qu'il faut encore acheminer la **centaine** de paquets dont vous aurez besoin dans les différents points de vente ou à votre domicile, si vous faites appel à un service de livraison. Ainsi, chaque paquet de couches à usage unique parcourra des milliers de kilomètres avant d'arriver à votre domicile et le coût environnemental de ce transport sera multiplié par autant de paquets achetés.

Pour un équipement de **couches lavables**, les matières premières et le lot que vous aurez acheté ne seront transportés qu'UNE seule fois. Les matières premières viennent d'Asie ou d'Europe et pour ce qui est des marques référencées dans ce guide, les couches sont fabriquées en France, en Europe ou en Afrique de façon équitable.

Trajet des matières premières et des produits finis pour des couches jetables et des couches lavables

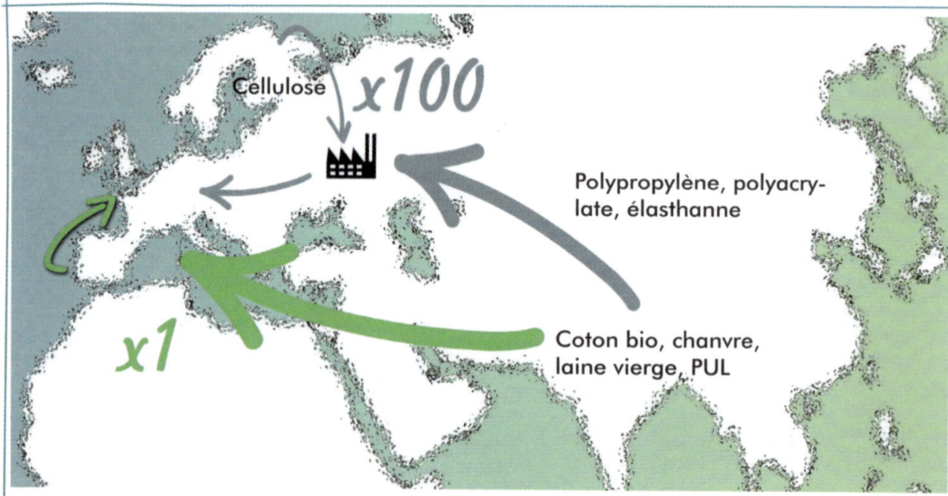

Trajets pour 100 paquets de couches jetables.

Trajet pour un équipement de couches lavables.

Les déchets

Utiliser des couches jetables génère une tonne de déchets par enfant. Lorsque les couches sont incinérées, le coût du traitement pour la communauté se situe autour de 120 € et il peut atteindre 150 € lorsqu'elles sont enfouies [3]. Il faut aussi savoir qu'incinérer une tonne de déchets produit une tonne de CO_2 et qu'il faut 500 ans pour qu'une couche enfouie se dégrade totalement. En utilisant une alternative lavable, vous pouvez réduire cette production de déchets de 95 % et les quelques déchets restants sont souvent biodégradables ou recyclables. Le coût économique sera donc quasi nul pour la communauté et le coût environnemental très faible pour la planète.

Pour la petite histoire, le célèbre fabricant de couches, Pampers®, s'est lancé dans le recyclage des matières plastiques de ses couches jetables – soit dit en passant, on peut s'interroger sur la pertinence de cette démarche… Cette initiative nécessite d'acheminer les couches souillées vers le nord de l'Italie et les matières plastiques n'y sont que partiellement recyclées. Encore récemment vous pouviez trouver ces couches dans un e-supermarché sans déchet (Loop en collaboration avec Carrefour), elles vous étaient livrées avec un gros tonneau en plastique pour les stocker, une fois utilisées. Ces couches recyclables coûtaient 0,50 € l'unité contre 0,25 € pour la version non recyclable vendue dans les hypermarchés physiques (Carrefour). Le fabricant de couches répercutait donc directement le coût du recyclage sur le consommateur, en doublant le prix de son produit. À ce jour, ces changes ne sont plus disponibles sur la plateforme. J'ai contacté le e-supermarché en question, et mes interlocuteurs du service clients n'ont pas su m'indiquer les raisons du retrait du produit de leurs rayons.

---

3. Cniid, *Couches pour bébé : écolo dès le berceau*. Disponible à l'adresse : http://www.cniid.org/IMG/pdf/2009_fiche_couches.pdf

Il existe une autre initiative de compostage des couches jetables, celle-ci portée par Les Alchimistes (start-up créée en 2016 qui collecte les biodéchets pour les composter en circuit court). Un test est en cours, financé par l'Agence de la transition écologique, la ville de Paris et soutenu par un consortium dont font partie Les celluloses de Brocéliande (un des deux seuls fabricants français de couches jetables, les couches Pommette® d'Intermarché).

L'entreprise collecte des couches dans des crèches parisiennes, pour les amener à l'Île-Saint-Denis. Une première étape consiste à séparer le plastique des matières fécales et de la cellulose puis ces dernières sont compostées. La vente de ce compost est à ce jour interdite, car il contient des déchets humains et peut renfermer également quelques traces de substances controversées, comme des résidus de pesticides.

Maïwen Mollet, en charge du projet pour la start-up, a accepté de répondre à mes questions et affirme : « *L'idéal, bien sûr, c'est la couche lavable, mais en attendant de convaincre les consommateurs de cela, nous souhaitions trouver une solution alternative à l'enfouissement ou l'incinération de ces déchets. Les tentatives de compostage des couches amènent les industriels qui y participent à rendre leurs produits plus naturels.* » Il faut savoir que si l'expérimentation est concluante et que les couches jetables deviennent de plus en plus naturelles, elles seront également de plus en plus onéreuses.

Je conclurai en rappelant que lorsqu'on se penche sur la question des déchets, on constate bien vite que « **le meilleur déchet est celui qui n'existe pas** ».

On préserve la santé de bébé

Les couches jetables sont toutes composées de cellulose, de plastiques dérivés du pétrole tels que du polypropylène, d'encres, de colle et parfois de parfums ou de lotions.

Une étude menée en 2017 par *60 Millions de consommateurs* a mis en évidence la présence de plusieurs composés toxiques dans une large gamme de couches, conventionnelles ou écologiques.

On a pu retrouver des traces de glyphosate – le principe actif d'un herbicide bien connu, le Roundup. C'est une substance qui a été classée comme « cancérogène possible » par le Centre international de recherche sur le cancer (Circ). Elle peut aussi s'avérer allergisante et irritante. Des pesticides ont aussi été retrouvés comme le quintozène et l'hexachlorobenzène, ainsi qu'un hydrocarbure aromatique polycyclique (HAP), un polluant industriel, tous les trois classés « cancérogène possible ».

La présence de dioxine a été détectée également, ainsi que des molécules de la même famille comme les furanes. Ces composés toxiques peuvent provenir des multiples procédés utilisés pour la fabrication des couches comme le blanchiment au chlore. Ils ont un potentiel toxique élevé et sont susceptibles d'être des perturbateurs endocriniens, c'est-à-dire qu'ils miment ou bloquent l'action de certaines hormones, en particulier des hormones sexuelles.

Des traces de composés organiques volatils (COV) ont aussi été mises en évidence ; ces composés sont considérés comme irritants pour la peau et les muqueuses.

Je précise que toutes ces substances ont été retrouvées en faible concentration et à des niveaux inférieurs aux seuils réglementaires, mais elles sont bel et bien présentes et en contact direct avec la peau de bébé.

ANATOMIE D'UNE COUCHE JETABLE

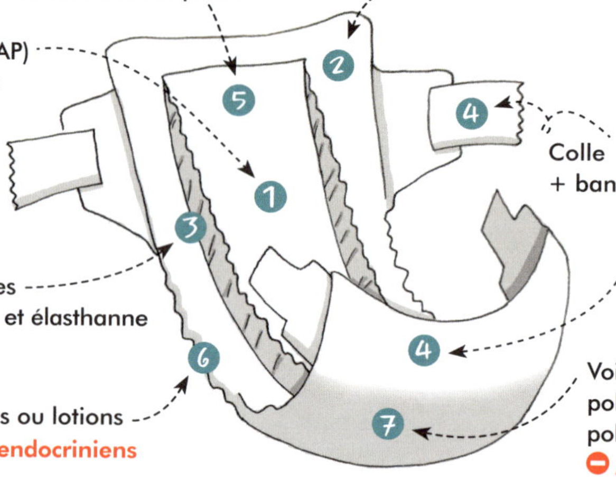

Pourtant, vous me direz, il existe bien des couches jetables « vertes » ? Oui, bien sûr, mais faites attention aux emballages souvent trompeurs. Certaines marques affichent en gros caractère des termes comme : « biodégradable » ou « produit écoresponsable ». Cependant, **plus naturel** ne veut pas dire **moins toxique**. On peut citer les couches de la marque Carrefour dont la version écologique contient plus de résidus toxiques que la version conventionnelle ! [4]

---

4. N'SONDÉ V. Couches, stop aux résidus toxiques pour bébé. *60 Millions de consommateurs*. 2017 ;523 : 22-26

Vous pouvez retrouver sur mon site www.guide-couches-lavables.fr un comparatif des principales marques de couches jetables en vente. Il vous permettra de choisir la meilleure option jetable si vous souhaitez avoir recours aux changes lavables de façon progressive.

LA TRANSPARENCE, CE N'EST PAS POUR DEMAIN

Pour les besoins de mon enquête, j'ai contacté les marques de couches jetables suivantes : Tidoo®, Joone®, Little Big Change®, Petits Culottés®, Pampers®, Biolane®, Love And Green® et Change Now®.
Seule la marque Petits Culottés® a réellement accepté de répondre en toute transparence. Les autres m'ont répondu qu'elles ne souhaitaient pas donner suite ou m'ont dit qu'elles allaient le faire et ne l'ont jamais fait, ou encore ne se sont même pas donné la peine de me répondre.

Les couches lavables, elles, peuvent être fabriquées entièrement à partir de matières naturelles – par exemple la partie absorbante sera en coton bio et la surcouche en laine vierge (sans traitement). Si vous optez pour des fibres synthétiques, elles sont bien souvent certifiées Oeko-Tex® donc garanties sans produits nocifs pour votre bébé. (Nous verrons plus loin les différents labels textiles qui existent et ce qu'ils signifient.)

ATTENTION ! Toutes les couches lavables ne se valent pas. Les couches bon marché (moins de 15-20 € l'unité), notamment celles trouvées sur les sites des géants de la vente en ligne, comme AliExpress ou Amazon ne sont très probablement pas fabriquées avec des tissus de bonne qualité, dont il va être très difficile de connaître la provenance. Elles pourraient également contenir des encres nocives ou des résidus de pesticides.

Je vous conseille donc de bien lire les étiquettes des couches avant de les acheter. En effet, la composition des couches lavables est toujours indiquée sur l'emballage. Cette information est obligatoire dans l'industrie du textile. Elle ne l'est pas pour les couches à usage unique. Il est donc plus aisé pour les fabricants de maintenir les consommateurs dans le flou et de laisser penser que leurs couches jetables sont écologiques et moins toxiques.

On devient plus autonome

Eh oui ! Grâce aux couches lavables, vous ne serez jamais en panne de changes pour bébé, un dimanche soir quand les magasins sont fermés !

Je finalise l'écriture de ce guide en plein confinement lié au coronavirus (avril 2020) et je peux vous dire qu'en voyant les rayons de couches se vider, j'ai été satisfaite d'avoir développé depuis quelques années une autonomie grâce à l'utilisation de nombreux produits lavables et donc réutilisables (essuie-mains, carrés démaquillants ou pour le change, lingettes pipi…).

3

Tordons le cou aux idées reçues !

Certaines idées reçues peuvent vous freiner dans votre élan ou compromettre le succès de votre démarche. Je vous propose donc de tordre le cou aux a priori les plus tenaces.

IDÉE REÇUE N° 1 **« C'est vraiment un retour en arrière. »**

Vous trouvez que protéger sa planète et la santé son bébé, c'est ringard ? Moi je dirais que c'est plutôt dans l'air du temps… Et rassurez-vous, les couches lavables ne ressemblent plus à celles qu'utilisaient nos grands-mères. Aujourd'hui, il existe de nombreux modèles, tous plus ingénieux les uns que les autres et super jolis ! Je vous invite à les découvrir à la page 30.

IDÉE REÇUE N° 2 **« J'ai pas envie de mettre les mains dans le caca. »**

Comme je vous comprends ! Mais rassurez-vous, vous n'aurez pas à plonger les mains dans le caca de bébé grâce à un précieux accessoire : le voile de protection. Je vous explique ce que c'est à la page 46. Et puis soyons honnêtes, il vous est déjà arrivé d'avoir du caca sur les doigts en utilisant des couches jetables et vous avez survécu !

IDÉE REÇUE N° 3 **« C'est vraiment compliqué à utiliser. Je vais perdre beaucoup trop de temps à changer mon bébé. »**

Figurez-vous que non ! Pas besoin d'un BAC + 5 pour utiliser des couches lavables. Certains modèles, comme le TE1 (voir page 30), s'utilisent comme des couches jetables : c'est simple, rapide et beaucoup plus écologique.

IDÉE REÇUE N° 4 **« Si je veux acheter des couches de qualité et fabriquées en France, cela va me coûter très cher. »**

Les couches lavables peuvent paraître onéreuses car la dépense se fait en une seule fois. Or nous avons vu qu'en réalité les couches jetables sont beaucoup plus chères (voir page 15). Vous pouvez ajouter des couches lavables à votre liste de naissance ou encore vous équiper petit à petit sur quelques mois.

Quant aux marques françaises qui proposent des produits de bonne qualité, elles seront plus chères à l'achat, oui ! Mais vous pourrez les utiliser pour plusieurs enfants ou bien les revendre. Des couches achetées 5 € l'unité sur Internet ne seront efficaces que quelques semaines et vous risquez de vous décourager en les utilisant.

Vous pouvez également opter pour l'occasion. Dans ce cas, n'oubliez pas de privilégier les professionnels revendeurs de couches de seconde main (voir page 111).

IDÉE REÇUE N° 5 **« Je n'aurai pas le temps de les entretenir. »**

L'entretien des couches prend environ 30 minutes par semaine si vous êtes équipé d'un sèche-linge et jusqu'à 45 minutes si vous devez les étendre. Concrètement, environ 2 ou 3 fois par semaine, vous devrez mettre les couches en machine (2 x 5 minutes), les étendre (2 x 5 minutes), les plier et les ranger (2 x 10 minutes).

IDÉE REÇUE N° 6 **« C'est vraiment pas hygiénique… Ça fuit et ça sent mauvais. »**

Qui n'a jamais eu un petit problème de fuites avec des couches jetables ? Et ce n'est pas pour cela que vous avez abandonné l'idée de les utiliser. Les fuites peuvent arriver… Mais cela n'a rien d'insurmontable. Si vous choisissez les couches des marques répertoriées dans ce guide (page 95), que vous suivez mes conseils pour effectuer un change (page 63) et que vous adoptez ma routine de lavage et de décrassage (pages 66 et 70), il est peu probable que vous soyez confronté à ces deux problèmes.

IDÉE REÇUE N° 7 **« C'est beaucoup trop d'organisation… comment gérer un nouveau-né et toutes ces couches à laver ? »**

Comme je l'ai dit un peu plus tôt, laver vos couches lavables ne vous prendra pas énormément de temps. Je conseille de les utiliser dès la naissance pour intégrer le lavage des couches dans votre routine familiale. Mais vous pouvez laisser passer quelques semaines ou quelques mois avant de vous lancer ou alors faire du 50/50 : des couches lavables en journée et des couches jetables la nuit. Ce sera déjà une initiative très écologique et économique.

IDÉE REÇUE N° 8 **« Je n'ai pas de sèche-linge, j'ai peur de me retrouver submergée de couches à sécher partout dans la maison. »**

Vous pouvez tout à fait vous en sortir sans sèche-linge. Il existe des couches lavables qui sèchent très rapidement. Ce sont celles qui sont en matière synthétique, comme la microfibre.

IDÉE REÇUE N° 9 **« Certes on génère moins de déchets mais d'un autre côté, on consomme beaucoup d'eau et d'électricité pour laver alors l'un dans l'autre, pas sûr que ça vaille le coup pour la planète. »**

Nous l'avons vu précédemment, non seulement vous produirez très peu de déchets en utilisant des couches lavables, mais leur fabrication et leur entretien nécessite moitié moins d'utilisation d'eau que la production de couches jetables.

IDÉE REÇUE N° 10 **« Il faut quand même jeter les inserts. »**

On ne jette pas l'insert mais uniquement le voile de protection qui est composé de cellulose, donc biodégradable et est aussi fin qu'un mouchoir en papier. Une broutille, comparé aux 40 g d'une couche jetable (sans compter le poids des selles et de l'urine). Il est également possible d'utiliser des voiles lavables en polaire ou pas de voile du tout si les selles de bébés sont moulées ou s'il est exclusivement allaité. Tout cela vous sera expliqué page 47.

IDÉE REÇUE N° 11 **« J'ai entendu dire que les couches lavables pouvaient retarder la marche et arquer les jambes des bébés, car elles sont très épaisses. »**

Rassurez-vous, il n'en est rien ! Je peux en témoigner en tant que mère. Mes deux enfants se sont développés tout à fait normalement, à leur propre rythme et sans retard d'acquisition du quatre pattes, de la marche ou de la station assise. J'ai été directrice de crèche pendant trois ans, et je n'ai jamais constaté de difficultés à se mouvoir ou de retards moteurs chez des enfants qui portaient des couches lavables.

Le développement d'un bambin sera plutôt retardé par des vêtements trop serrés et inconfortables. Je vous conseille de choisir des vêtements amples ou évolutifs (lobio®, Manymonths®...), des extensions de bodies ou de prendre une taille au-dessus lorsque vous utilisez des couches lavables. Cela évitera également les fuites. Une couche trop « compressée » par un body ou un pantalon sera moins efficace.

L'AVIS D'UNE POSTUROLOGUE

Le développement moteur d'un bébé est bien plus limité par des vêtements trop serrés que par une couche lavable. À partir du moment où la couche est adaptée à l'âge et à la morphologie de l'enfant, elle n'entrave en rien son développement. Elle positionne d'ailleurs physiologiquement le fémur dans son articulation. En règle générale, un bébé a besoin d'être libre de ses mouvements pour se développer harmonieusement, c'est ce qu'on appelle la motricité libre. La courbure de son dos doit être respectée. Par exemple, on évitera de l'asseoir s'il n'y arrive pas de lui-même. Il est important aussi de le laisser se retourner tout seul.

Alexandra,
Praticienne psychocorporelle, posturologue, kinésiologue.
Site web : alexandra-bielkin.business.site

4

Tour d'horizon des différents modèles de couches lavables

Il existe de très nombreuses marques de couches lavables et elles proposent souvent différents modèles. Il est donc parfois peu aisé de s'y retrouver… Voici une description de tous les systèmes existants et pour chacun d'eux, les avantages et les inconvénients. Vous pourrez ainsi identifier le modèle qui vous convient le mieux.

Les tout-en-un et les tout-en-deux

Les modèles de couches lavables modernes les plus répandus sont les tout-en-un et tout-en-deux, qu'on appelle « TE1 » et « TE2 » pour les intimes – je les nommerai de cette manière tout au long du livre. Ils sont à ce jour les plus simples d'utilisation.

Les TE1

Les TE1 sont composées d'une surcouche imperméable et d'un insert absorbant qui peut être cousu directement à la surcouche ou qu'il faut glisser dans une poche (TE1 à poche). Ce sont les couches dont le mode d'emploi se rapproche le plus de celui des couches jetables. Une fois la couche salie, tout doit être mis à laver.

Toutefois, les modèles TE1 avec l'insert cousu ont une durée de vie plus limitée que les autres. En effet, ces modèles imposent de laver l'insert et la surcouche en même temps. Or, comme nous le verrons dans le chapitre sur l'entretien des couches (page 65), l'insert doit parfois être nettoyé en profondeur, afin de le décrasser et le détacher. Il est donc nécessaire de le laver à 60 °C et d'utiliser des produits dégraissant et blanchissant naturels, ce qui est déconseillé pour la surcouche. Nettoyer les surcouches à haute température ou les mettre en contact avec des produits risque de détendre les élastiques rapidement et d'altérer l'imperméabilité prématurément. Si vous optez pour ce modèle, choisissez-le de préférence à poche ou résistant au lavage à haute température.

Le + : le change est rapide comme avec une couche jetable.
Le − : elles ont une durée de vie courte et le temps de séchage est long lorsque l'insert est cousu.

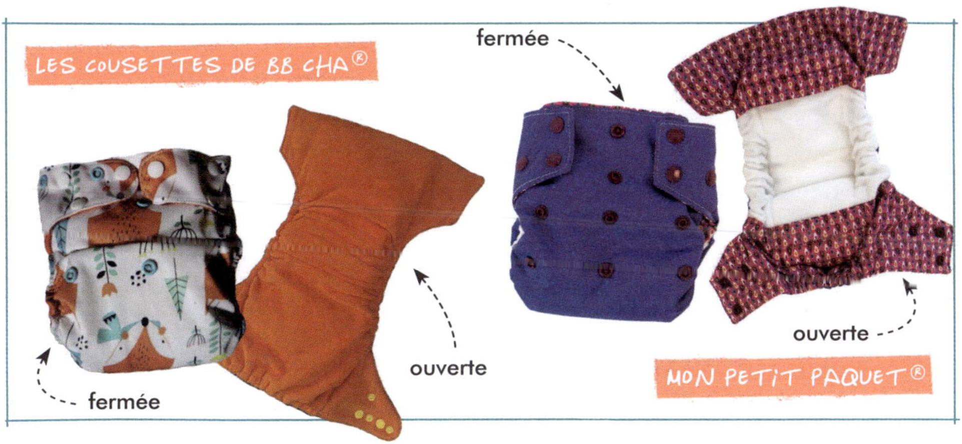

Les TE2

Les TE2, comme leur nom l'indique, sont constituées de deux parties indépendantes, c'est ce qui fait leur particularité. Ces deux éléments peuvent s'acheter indépendamment, même si les marques proposent souvent de les acquérir par lot.

Elles peuvent être constituées d'une surcouche imperméable et d'un insert absorbant que l'on doit poser sur la partie imperméable, comme les couches de la marque Apiafrique®. Vous pouvez utiliser deux types d'inserts :

* à plier : il se présente sous la forme d'un grand rectangle qu'il faut plier en 3 ;
* « mille-feuille » : un rectangle composé de plusieurs épaisseurs de tissu.

Ce sont les TE2 les plus courantes sur le marché.

Les TE2 peuvent aussi être composées d'une culotte en tissu et d'une nacelle imperméable avec un insert absorbant cousu à l'intérieur, comme les couches de la marque Cadaence®. Ici, la culotte sert à maintenir la nacelle et n'a pas de propriété imperméable. Ce type de TE2 est un peu moins commun, mais tout aussi facile à utiliser.

Ces couches sont assez fines, ce qui limite l'effet « gros popotin ». Le grand atout de ces couches réside dans leur conception. Si celle-ci est bien fabriquée et si votre bébé a uniquement fait pipi, vous pouvez changer seulement l'insert (ou la nacelle) et conserver la surcouche (ou la culotte) pour plusieurs changes. Vous pouvez réutiliser la surcouche immédiatement. Si elle a été salie, rincez-la sous l'eau rapidement sans la passer au lave-linge, elle sèchera rapidement.

Le + : elles sont économiques et faciles d'utilisation.
Le − : aucun.

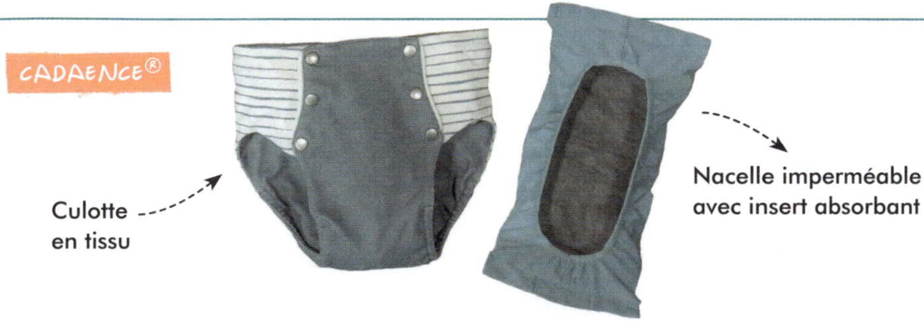

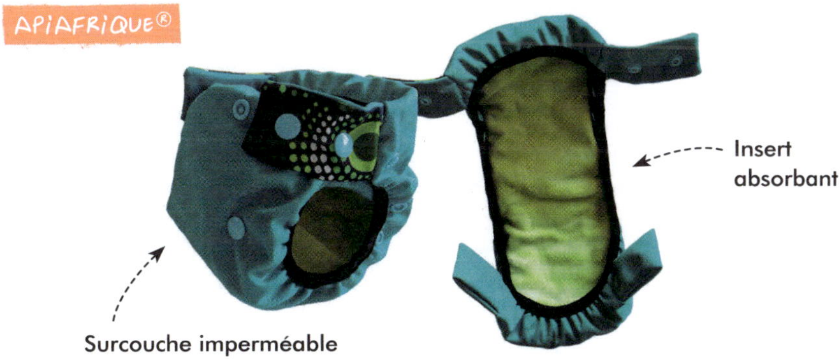

Les couches atypiques

Les TE3

Les TE3, elles, se séparent en trois parties : une nacelle imperméable, un insert absorbant qui se glisse dans la nacelle et une culotte pour maintenir le tout.

La culotte se garde pour plusieurs changes. La nacelle se rince et sèche très rapidement, donc vous n'êtes pas obligé de la mettre au sale à chaque change. Seul l'insert doit obligatoirement être changé.

Il n'y a pas beaucoup de parents qui utilisent ce modèle, notamment parce que peu de marques en proposent (seule la marque Hamac® offre des produits de bonne qualité).

Le ⊕ : elles sont économiques, peu encombrantes et sèchent rapidement.
Le ⊖ : leur utilisation est plus délicate (changement de la nacelle un peu long).

TE3 T-MAC DE HAMAC®

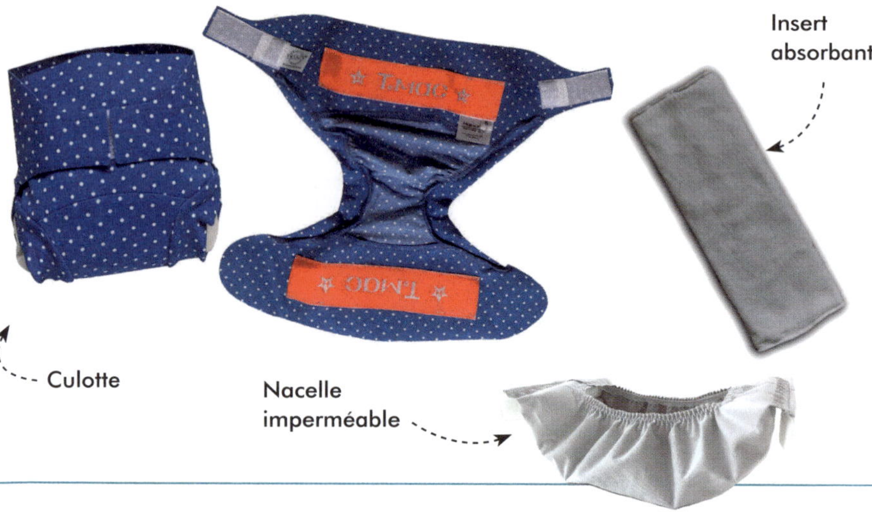

Les couches hybrides

Une couche hybride est une couche qui peut accepter des inserts jetables et des inserts lavables. Le terme « hybride » est quasi exclusivement associé aux couches TE3. Mais dans l'absolu, une couche TE2 Apiafrique® par exemple pourrait être utilisée avec un insert jetable.

C'est une bonne alternative pour les parents qui hésitent à passer aux couches lavables. En effet, les inserts jetables sont biodégradables à 98 % alors que la meilleure couche jetable écologique du marché ne l'est qu'à 70 %.

Le + : vous avez la possibilité de choisir entre des absorbants jetables et des absorbants lavables.

Le − : les absorbants jetables sont moins efficaces que des absorbants lavables.

Les couches classiques ou moulées

Ici la partie absorbante à la forme d'une couche jetable. Elle fait donc le tour complet du siège de bébé. Il est possible d'ajouter un ou plusieurs renforts d'absorption (voir page 49) à l'intérieur pour en augmenter l'efficacité. Il faut ensuite l'entourer d'une surcouche pour imperméabiliser le tout.

Ces couches sont superabsorbantes donc idéales pour les siestes et la nuit. Les parties absorbantes sont souvent en matières naturelles comme le chanvre, ou partiellement naturelles comme le bambou ou le tencel. Il y en a pour tous les goûts !

Le + : elles sont très absorbantes.

Le − : l'effet « gros popotin » est garanti !

PTITS DESSOUS®

Couche absorbante
« So bambou »

Surcouche « So protect »

LULU NATURE®

Couche absorbante

Culotte

Les couches avec lange

Dans ces couches, la partie absorbante est un lange lavable comme ceux qu'utilisaient nos aïeuls avant les années 1960-70. Le lange doit être plié puis noué autour du siège de bébé ou maintenu par des Snappies (des attaches en plastique). Ensuite, il faudra mettre une surcouche pour imperméabiliser le tout. Ces langes sont aussi appelés : contours, prépliés, couches plates ou encore préplates.

Le + : ils sont économiques.
Le − : le temps de pliage.

BOPOTIN®

Couche plate et Snappi

LILUPOPOTIN®

Lange « Liluconfort » et Snappi

Vous trouverez sur le site que j'ai créé spécialement pour le livre (www.guide-couches-lavables.fr) des vidéos de démonstration de pliage de langes.

Les culottes d'apprentissage

Il existe des culottes d'apprentissage destinées à nos grands petits en cours d'acquisition de la continence. Elles s'enfilent comme une culotte ou s'ouvrent de la même manière qu'une couche jetable. Elles sont idéales pour accompagner votre enfant vers l'autonomie lorsqu'il commence à utiliser le pot ou les toilettes. Ces culottes retiennent le liquide, mais ne sont pas aussi absorbantes que des couches. Elles permettent à l'enfant à la fois de prendre conscience de l'élimination et aussi d'éviter le flot de pipi qui coule jusque dans les chaussettes ou la grosse flaque qui ruine le tapis…

Petit bémol : en cas de selles molles, il n'est pas très agréable d'ôter la couche en la faisant glisser le long des jambes lorsqu'il n'est pas possible d'ouvrir celle-ci. Je ne vous propose pas de visuel sur ce sujet…

Les couches de bain

De nombreux parents ressentent l'envie de barboter avec leurs bébés, de préférence le samedi matin à l'heure des poules a priori, vu le créneau horaire réservé aux bébés nageurs dans les piscines collectives...

- « *C'est pour que l'eau soit bien chauffée, filtrée et donc propre madame !* »
- « *Ah alors je n'ai rien dit, c'est très attentionné de votre part monsieur le maître-nageur.* »

En revanche sans enfants, mieux vaut éviter la piscine juste après les bébés nageurs... Je m'explique.

Pour patauger joyeusement dans l'eau, bébé aura besoin d'un maillot de bain. Les modèles jetables ne retiennent pas le pipi, je vous conseille donc les couches de bain lavables. Je vous avoue qu'elles aussi ne retiennent pas le pipi, mais elles ont le mérite d'être pratiques, jolies et écologiques.

Pour choisir un maillot de bain lavable pratique, il faut :

* que le maillot puisse s'ouvrir comme une couche jetable – en cas de caca, vous apprécierez de ne pas avoir à faire glisser le maillot le long des jambes de bébés... (nous avons déjà évoqué cette scène peu ragoûtante plus haut au sujet des culottes d'apprentissage) ;
* qu'il contienne un insert qui peut être changé en cours de baignade.

Si vous n'êtes pas encore convaincu par les couches lavables, vous pouvez commencer par utiliser des couches de bain lavables. Cela peut faire naître chez vous l'envie d'aller plus loin...

Pour les enfants de 18 mois et plus, vous pouvez utiliser des maillots de bain classiques. Le caca sera moulé et vous pourrez le jeter directement dans les toilettes en cas « d'accident ». Une petite illustration ? Non ? ! Vous n'êtes pas joueur !

BULLES À MALICES®

HAMAC®

T-shirt anti-U.V.

Les différentes matières

J'ai déjà rapidement évoqué, au début du livre, les matières qui peuvent être utilisées pour confectionner les couches lavables. Entrons un peu plus dans les détails.

La partie imperméable

Elle peut être en PUL (**PolyUréthane Laminé**), c'est un polyester enduit de polyuréthane qui le rend imperméable, il est souple et sèche rapidement. Mais c'est une matière synthétique donc qui ne laisse pas beaucoup respirer la peau de bébé et elle n'est pas biodégradable.

Elle peut aussi être en laine vierge. Dans ce cas, elle doit être imperméabilisée en utilisant de la **lanoline** [5]. Le procédé est très simple, il suffit de faire tremper la surcouche dans une bassine d'eau avec de la lanoline durant toute une nuit. Référez-vous au mode d'emploi du produit pour connaître les quantités exactes. Il existe principalement trois marques dans le commerce : Ulrich®, Disana® ou encore Popolini®.

La laine a l'avantage de laisser respirer la peau de bébé en plus d'être thermorégulatrice. Elle est donc idéale en toute saison. Bébé peut se promener en shorty de laine l'été. À la mi-saison, vous pourrez ajouter des jambières ou encore vous procurer des sarouels en laine, comme ceux de la marque Manymonths®. Ils sont évolutifs et s'adaptent à la taille de bébé sur une période de 1 à 2 ans.

Pour l'entretien, il est conseillé de laver la surcouche une fois par mois à la main à l'eau tiède ou en machine en utilisant un programme spécial laine et une lessive

---

5. Graisse de laine ou cire de laine obtenue par purification et raffinage. Elle est aussi utilisée pour soigner les mamelons des femmes pendant les premiers jours d'allaitement.

adaptée. Si vous faites face à un débordement de caca, vous n'êtes pas obligé de la passer en machine, un lavage à la main est suffisant. En effet, la laine vierge est autonettoyante, elle redeviendra saine et propre en séchant. Faites tout de même attention, c'est une matière très fragile.

LE MONDE D'HÉLO®

Culotte en PUL

WOOLILIE®

Culotte en laine

À SAVOIR : les culottes en laine s'utilisent uniquement avec les couches classiques ou les langes sauf pour les couches de la marque Woolilie qui sont vendues avec leurs propres inserts.

La partie absorbante

Elle peut être composée exclusivement de **matière naturelle** comme le chanvre ou le coton.

Le **chanvre** est une plante qui pousse très facilement, il n'a pas besoin d'irrigation pour bien se développer et nécessite peu ou pas d'engrais. Vous pouvez donc acheter des couches fabriquées plus localement. De plus, c'est une matière très absorbante. Quant au **coton**, il est préférable de le choisir bio afin d'éviter les résidus de produits chimiques (engrais, insecticides...). Sa capacité d'absorption est bonne.

Il existe aussi des **matières partiellement naturelles** comme le **Tencel™** qui est produit à partir de cellulose (protéine présente dans le bois) et d'un solvant naturel non toxique et biodégradable. Bien souvent c'est la pulpe de bois d'eucalyptus qui est utilisée car c'est un arbre qui pousse très facilement, qui n'a besoin que très peu d'eau et dont la culture ne nécessite pas de pesticides. C'est une matière douce, élastique et résistante.

La **viscose de bambou** est aussi partiellement naturelle, car issue de la pulpe de bambou. Mais la transformation chimique qui est nécessaire à sa fabrication est plus polluante que celle utilisée pour le Tencel™.

Enfin, vous trouverez des parties absorbantes en **matière synthétique** telle que la **microfibre**. C'est la matière synthétique la plus utilisée actuellement pour la fabrication des absorbants de couches lavables, elle est dérivée du pétrole donc peu couteuse. Elle sèche rapidement, ce qui lui donne un avantage par rapport aux matières naturelles.

Du tissu **polaire** peut entrer dans la composition des absorbants. Il est utilisé pour sa douceur et son effet « au sec ». Dans la plupart des cas, il est synthétique, mais il existe du tissu polaire de coton. Il peut même être certifié bio.

Les parties absorbantes des couches sont parfois constituées de plusieurs matières. Chaque matière va alors apporter à la couche un avantage particulier. Par exemple, si le noyau de l'insert est composé de viscose de bambou et que l'extérieur est fait de tencel alors la couche aura une grande capacité d'absorption et sera particulièrement douce – parfait pour la peau sensible de bébé.

Avantages et inconvénients des différentes matières qui peuvent composer l'insert

	Matière	Propriétés	Temps de séchage	Capacité d'absorption	Impact environnemental
Naturel	Chanvre	Antibactérien	Long	Très bonne	Très écologique
	Coton	Antibactérien Antifongique	Moyen	Bonne	Écologique si bio
Partiellement naturelle	Tencel™	Antibactérien	Rapide	Bonne	Écologique
	Viscose de bambou	Hypoallergénique Antitranspirant Antibactérien	Long	Très bonne	Écologique
Synthétique	Microfibre		Rapide	Moyenne	Peu écologique
	Polaire	Effet « au sec »	Rapide	Moyenne	Peu écologique

Il faut savoir que même les matières classées « peu écologiques » dans le tableau ci-dessus, sont toujours bien plus respectueuses de la santé de votre bébé et de la planète que les couches à usage unique.

Les labels et certifications

Il existe de nombreux labels textiles écoresponsables. Ces labels vont régulièrement vérifier les conditions de fabrication des tissus. Consommation d'eau, valorisation d'un maximum de matière, conditions de travail, pourcentage de matière synthétique dans le tissu… Tout est contrôlé selon différents critères qui varient en fonction des labels et certifications.

Par exemple, le label GOTS (Global Organic Textile Standard) certifie l'origine biologique des textiles. C'est l'un des labels les plus stricts, il garantit un mode de production du tissu écologique et socialement responsable.

Le label OEKO-TEX® vérifie que le produit ne contient pas de substances nocives pour l'homme. Il peut certifier des matières naturelles, mais il est généralement utilisé pour des matières synthétiques.

Il en existe bien d'autres et si vous souhaitez en savoir plus, je vous invite à consulter l'article très complet *Guide des labels textiles* sur le blog madeinresponsable.com

Un grand merci à Marie France, styliste et créatrice de vêtements Graine d'Amour® (graine-d-amour.com) qui a répondu à toutes mes questions sur le sujet, afin que je puisse vous informer au mieux.

5

Les accessoires

Il existe différents accessoires très utiles qui pourront rendre l'expérience des couches lavables plus simple et plus agréable, pour vous comme pour votre enfant.

Les voiles de protection

C'est l'accessoire ultime de tout utilisateur de couches lavables. Grâce à ses superpouvoirs, il vous évitera de mettre les doigts dans le caca ! Des superpouvoirs ? Je vous explique tout.
Le voile de protection se présente sous la forme d'un rectangle de cellulose (jetable/réutilisable [6]) ou de tissu (lavable) qui se pose sur la partie absorbante. Il va vous éviter de gratter celle-ci pour en décoller le caca. Concrètement, si votre voile est jetable, vous aurez simplement à le prendre et à le jeter à la poubelle, s'il est en tissu – du polaire ou de la soie – les selles vont glisser toutes seules du voile jusque dans vos toilettes. Magique non ? Il permet aussi de limiter les taches, mais ce n'est pas sa fonction première.

Cependant le voile de protection peut être plus utile dans certains cas que dans d'autres.

6. Le voile jetable peut être réutilisé et donc lavé deux ou trois fois avant d'être jeté.

Boîte de voiles de protection en cellulose Hamac®

Voiles de protection polaire Bébés Lutins®

CAS N° 1 **Votre bébé est allaité exclusivement**

Le voile est alors inutile, car ses selles sont hydrosolubles. Vous pouvez mettre la couche directement dans la machine. Il faudra programmer un rinçage avant le lavage et éventuellement détacher la partie absorbante de temps en temps (voir page 72). Si cela vous incommode de mettre la couche avec les selles dans votre machine à laver, vous pouvez rincer rapidement la couche sous l'eau, mais vous utiliserez de l'eau inutilement.

CAS N° 2 **Votre bébé est nourri avec une préparation infantile, en allaitement mixte ou est en cours de diversification (jusqu'à 10-12 mois)**

Vous pouvez utiliser des voiles jetables, car les selles ne sont pas hydrosolubles et risquent de coller à la couche. S'il n'y a que du pipi lors du change, vous pouvez laisser le voile sur la couche sale et mettre le tout dans le bac de stockage. Évitez de mettre les voiles dans les w.c. malgré ce que certaines marques recommandent. Cela reviendrait à jeter une lingette à usage unique dans les toilettes.

CAS N° 3 **Votre bébé est diversifié**

Vous n'êtes pas obligé d'utiliser des voiles, car ses selles sont moulées et ne colleront pas à la couche. Vous pouvez jeter directement la grosse commission dans les toilettes puis mettre la couche (ou l'insert uniquement) dans votre bac de couches sales. Si vous voulez limiter les taches, vous pouvez utiliser des voiles lavables en tissu polaire [7].

CAS N° 4 **Vous utilisez des couches de location**

Dans ce cas, que votre enfant soit allaité ou non, diversifié ou non, l'utilisation des voiles jetables ou de vos propres voiles lavables en tissu est obligatoire, afin de préserver au maximum les couches des taches.

---

7. Les voiles lavables protègent un peu mieux la partie absorbante des taches que les voiles jetables, mais il faudra tout de même les détacher à leur tour.

Les renforts d'absorption

Les renforts d'absorption – ou boosters – sont utiles lorsque votre bébé boit beaucoup, lorsqu'il grandit et que la quantité de pipi augmente ou lors des siestes ou la nuit. Ce sont des rectangles en coton, en bambou ou en microfibre, généralement composés de deux épaisseurs. Ils sont disponibles en plusieurs couleurs, dont le noir, qui a l'avantage de ne pas avoir besoin d'être détaché.

Les boosters peuvent s'adapter pratiquement à toutes les couches, contrairement aux parties absorbantes qui sont souvent efficaces uniquement avec les surcouches de la même marque, et voire seulement avec un modèle.

Dans la majorité des cas, pour une marque donnée, ils sont fabriqués avec les mêmes matières que les parties absorbantes

Vous pouvez bien sûr superposer un insert absorbant, un renfort d'absorption et un voile de protection.

Renfort d'absorption ou booster Apiafrique®

Les moyens de stockage des couches sales

Il est impératif que le stockage des couches sales se fasse au sec, dans un bac en plastique dédié ou dans un sac imperméable. Certains conseillent de stocker vos couches sales dans un bac rempli d'eau. Personnellement, je ne vous le recommande pas, car cela favorise les mauvaises odeurs et la prolifération des bactéries. Il est important d'ouvrir le sac ou le seau de temps en temps pour dégazer si les couches y sont stockées depuis plusieurs jours.

À la maison

Chez vous, l'idéal est de conserver les langes sales dans un bac ou seau en plastique. Vous y stockerez les couches et voiles salis en ajoutant, si vous le souhaitez, un morceau de tissu avec 2 ou 3 gouttes d'huile essentielle d'arbre à thé pour limiter les mauvaises odeurs. Je préfère utiliser un seau fermé, car je fais des machines tous les 2 ou 3 jours. Certains utiliseront plutôt un seau ouvert. À vous de voir ce qui vous convient le mieux.

À l'extérieur

Pour une sortie au parc ou lorsque vous partez en voyage, je vous conseille plutôt d'utiliser le sac de stockage. Presque toutes les marques de couches lavables en proposent. Ils remplissent tous leur fonction parfaitement, cependant, comme avec les couches, plus la marque propose un produit de qualité, plus la durée de vie du sac sera longue. Je vous conseille les sacs de la marque Hamac®, ils ont un filet de lavage intégré, très pratique pour tout glisser dans la machine à laver sans avoir à toucher les couches sales ou ceux d'Apiafrique®, simples et résistants.

Vous pouvez également les faire vous-même si vous êtes bon(ne) couturier(ère) ou comme moi, mettre mamie sur le coup ! Nous avons réalisé pour vous des tutoriels en vidéo, pour réaliser vos accessoires (lingettes lavables, voiles polaires et sacs imperméables). Ils sont disponibles sur mon site www.guide-couches-lavables.fr.

Tout comme pour le bac, il est possible de placer dans le sac de stockage un morceau de tissu imbibé d'huile essentielle d'arbre à thé.

Vous pouvez tout à fait laver les couches et le sac ensemble. Veillez tout de même à sortir les langes du sac avant de les mettre dans la machine. Si le sac contient un filet de lavage, il faut simplement séparer les deux éléments. Évitez de passer le sac au sèche-linge, car il est fait de tissu PUL et s'abîmerait avec la chaleur.

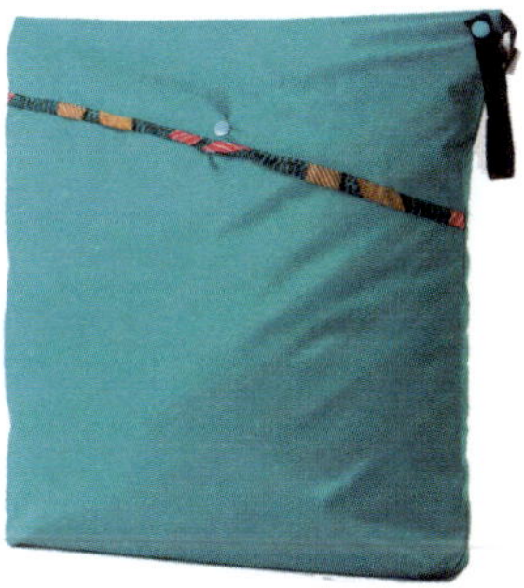

Sac de stockage Apiafrique®

Seau de stockage

Tuille d'une couche à l'échelle

6

C'est décidé, je m'équipe !

Ça y est, vous êtes prêt à passer aux couches lavables, mais face à la multitude de marques et de modèles, comment faire son choix ?

De nombreux critères peuvent entrer en ligne de compte dans le choix de couches lavables : votre budget, le gabarit de bébé et une éventuelle sensibilité de peau, votre mode de vie ou encore votre envie de réduire au maximum votre impact sur l'environnement. Voici mes trucs et astuces pour choisir le ou les bons modèles en fonction de vos envies et de vos contraintes.

Louer des couches lavables

Il est tout à fait possible de louer des couches lavables. C'est une option intéressante dans trois situations.

1. Vous souhaitez louer des couches pour tester différents modèles avant de vous équiper et vous souhaitez les entretenir vous-même.

Je vous conseille plutôt une location test de quelques semaines. Préférez alors les professionnel(le)s qui, comme moi (www.mariannebertrel.com) proposent plusieurs marques dans leurs kits de location. Il se peut que l'une d'entre elles ne vous convienne pas pour diverses raisons : séchage trop lent, couche non adaptée à la morphologie de bébé… Vous n'êtes pas à l'abri d'un coup de cœur également !

2. Vous souhaitez louez des couches uniquement pour les deux premiers mois de bébé.

En effet, tout comme les vêtements taille naissance, les couches pour les nouveau-nés ne vous serviront pas très longtemps. La location de couches durant cette période peut vous éviter d'acheter un équipement naissance. Vous pourrez ensuite directement passer à la taille au-dessus ou choisir une couche évolutive qui accompagnera votre enfant jusqu'à ses 15 kg.

3. Vous souhaitez louer des couches sur le long terme et qu'une entreprise les lave pour vous.

Il vous en coûtera une trentaine d'euros par semaine pour un nombre de changes suffisant et le renouvellement de votre stock à chaque départ des changes pour la laverie (2 fois par semaine). Cette option sera plus onéreuse que si vous achetez votre équipement, mais lorsqu'un produit est abîmé, il est remplacé par un neuf. Le petit plus écolo : les échanges couches souillées contre couches propres se font souvent via vélo cargo.

Parmi les bébés, il existe des petits et des gros « pissouilleurs » ou encore des gros producteurs de caca ou des bébés allaités qui font un caca toutes les deux semaines. Dans ce cas, la location ou l'achat d'un kit de démarrage (qui se compose d'une culotte, de 2 ou 3 inserts et parfois de voiles de protection) sera bien utile. Cela vous évitera de vous équiper pour 500 € de couches qui vous serviront peu ou pas du tout.

Vous trouverez, à la fin du guide, un répertoire des services de location et de lavage disponibles en France et dans les départements d'outre-mer.

À quel moment acheter ses couches lavables ?

Je conseille systématiquement aux parents qui souhaitent se mettre aux couches lavables d'attendre la naissance du bébé pour s'équiper. En effet, même si le poids de votre enfant est estimé lors des échographies et en mesurant le ventre de la future maman, ces approches sont peu fiables. Vous risquez d'acheter un équipement trop grand, donc inutilisable pendant plusieurs semaines ou mois, ou trop petit donc rapidement obsolète. De plus, certains modèles de couches ne conviennent pas à tous les gabarits, par exemple si votre bébé à les cuisses fines ou au contraire bien potelées.

Quelle quantité de couches faut-il acheter ?

La quantité de couches à acheter va varier en fonction du modèle que vous allez choisir et du nombre de lessives hebdomadaires que vous pouvez faire.

Si vous utilisez exclusivement des changes lavables et que vous faites une lessive tous les 3 jours, il vous faudra 20 à 25 changes.

Concrètement, si vous avez opté pour :

* **des TE1** : il vous faudra 20 à 25 couches (surcouches et inserts sont vendus ensemble) et éventuellement des boosters ;
* **des TE2** : il faudra compter entre 6 et 12 surcouches + 20 à 25 inserts et éventuellement des boosters. En effet, avec les TE2 vous pouvez réutiliser la surcouche et ne changer que l'insert. Mais cela dépend de la marque de la couche, de la quantité de pipi ou encore si les selles sont molles ou moulées.
* **des couches avec langes ou des couches classiques** : il faudra alors 20 à 25 langes ou couches classiques, 3 ou 4 culottes et éventuellement des boosters pour les langes.

Si vous souhaitez utiliser les couches lavables à temps partiel (uniquement la nuit par exemple), alors la moitié de cet équipement suffira.

Neuves ou d'occasion ?

Certains parents décident d'acquérir une vingtaine de changes neufs qu'ils utilisent en priorité et d'acheter en supplément 5 à 10 couches d'occasion. Ces couches coûtent moins cher que des neuves, c'est une façon de prolonger leur durée de vie car bien qu'elles soient moins performantes que pendant leur jeunesse, elles sont toujours prêtes à recueillir quelques pipis et cacas avec panache !

Plus vous aurez de changes, plus vous serez serein.

D'autres préfèrent acheter tout leur équipement d'occasion car ils sont dans une démarche de réduction de déchets. Et c'est tout à leur honneur.

Mais quelle que soit votre approche, si vous souhaitez acheter des couches lavables d'occasion, je vous conseille de respecter certaines règles.

* Acheter en priorité dans une boutique spécialisée, qu'elle soit en ligne ou physique : Le Cul dans l'Herbe à Nantes, Rebelle de Nature ou la mienne (www.mariannebertrel.com), sont de bonnes références. Ces professionnels nettoient parfaitement les couches d'occasion et leur redonnent un coup de jeune avant de les proposer à la vente.
* Aller à la rencontre du vendeur si c'est un particulier, pour pouvoir toucher et sentir les couches avant de les acheter. Eh oui, on n'est jamais à l'abri de mauvaises surprises… Il existe de nombreux groupes de ventes sur les réseaux sociaux ou via leboncoin.
* Demander avec quels produits les couches ont été entretenues et combien d'enfants les ont utilisées. Si les couches sont trop anciennes et ont été très utilisées, vous risquez de devoir en racheter rapidement, d'être confronté à des fuites à répétition… Finalement, vous ne ferez aucune économie et vous ne réduirez pas non plus vos déchets.
* Les nettoyer en profondeur avant de les utiliser (voir chapitre suivant).

Pour l'achat de couches neuves, privilégiez les marques françaises qui fabriquent des couches à petite échelle ou dans des ateliers situés en France ou en Europe. Vous serez sûr d'acheter des couches de qualité, efficaces et qui dureront longtemps. Et vous réduirez considérablement votre empreinte écologique. Le combo gagnant !

COMMENT PRÉPARER SES COUCHES NEUVES

De nombreux fabricants conseillent de laver plusieurs fois les couches avant de les utiliser, afin d'optimiser leur capacité d'absorption.
Selon mon expérience, il suffit de faire tremper les inserts absorbants une nuit dans de l'eau avec quelques cuillérées de cristaux de soude, puis d'effectuer un lavage en machine à 40 °C des surcouches et des inserts, et le tour est joué ! Vos couches seront bien sûr plus absorbantes au bout de 3 ou 4 lavages, alors ne vous découragez pas si vous devez faire face à quelques fuites lors des premières utilisations. C'est assez courant et vous vous en sortirez très bien. Simplement, vous changerez bébé un peu plus fréquemment les premiers jours.

Vous trouverez une liste des grandes marques et des petits créateurs français, ainsi qu'un répertoire de revendeurs de couches à la fin du livre (voir page 95).

À velcro ou à pression ?

Quel système de fermeture choisir entre le velcro ou les boutons-pression ?

Le velcro permet d'adapter un peu mieux la surcouche à la taille de bébé et la mise en place est très rapide. En revanche, il faudra penser à fermer la couche avant chaque lavage afin que le velcro ne s'accroche pas aux autres couches et inserts, sous peine de les abîmer. Au fil des lavages, le velcro peut se détériorer et être moins efficace.

Avec des boutons-pression, l'ajustement peut sembler moins évident et il vous faudra peut-être quelques essais avant de trouver la bonne position. Mais ils ont l'avantage d'être plus résistants, garantissant la longévité de la surcouche. De plus certaines marques ont trouvé des alternatives à ces pressions en plastique, comme Woolilie® qui utilise des boutons en amidon de maïs ou Cadaence® des boutons métalliques ou en noix de corozo.

J'ai une préférence pour les boutons-pression, plus durables et résistants aux lavages, c'est ce que je vous conseillerais de choisir. Cependant, il existe de très bonnes couches à velcro.

Évolutives ou non ?

Certaines marques proposent différentes tailles de couches : taille S, M, L ou 1, 2, 3… comme pour les changes jetables. D'autres proposent une culotte taille naissance puis une culotte évolutive qui peut accompagner l'enfant de 5 à 15 kg environ. Les couches évolutives s'ajustent grâce à des boutons-pression disposés à l'avant ou à l'arrière de la surcouche.

Les avantages et inconvénients de chaque système de tailles.

* **Les couches évolutives.** Vous ne pourrez les utilisez qu'à partir du 2e ou 3e mois de bébé, en revanche vous les garderez jusqu'à l'acquisition de la continence. Étant donné qu'elles se replient sur elles-mêmes pour s'adapter à la taille de l'enfant, elles sont plus grosses et font un gros popotin à bébé. Mais elles sont plus économiques.
* **Les couches multitailles.** Elles s'adapteront mieux au gabarit de l'enfant et feront un moins gros popotin. Cependant, il faudra vous rééquiper régulièrement, comme vous le ferez pour la garde-robe de votre enfant.

Couches des champs et couches des villes

Eh oui, il y a des couches qui sont plus adaptées à la vie citadine ou à la vie rurale. En réalité, c'est plus une question de taille de logis et d'équipement électroménager.

Si vous habitez dans un appartement ou dans un petit logement, préférez les couches équipées d'inserts à plier en trois, éventuellement en microfibre, leur temps de séchage est rapide. Privilégiez également les modèles TE2 pour lesquels vous aurez besoin de 2 à 3 fois moins de culottes que d'inserts, un gain de place non négligeable.

Si vous avez la place nécessaire pour étendre votre linge ou si vous êtes équipé d'un sèche-linge, vous disposez d'un plus large choix pour vos couches. Vous pouvez notamment privilégier les matières naturelles, qui sèchent moins vite, mais qui sont plus respectueuses de l'environnement et de la santé de bébé.

Évidemment si vous n'avez pas de sèche-linge, vous pouvez toujours faire sécher vos inserts sur un sèche-serviette, un radiateur en fonte ou encore les laisser près d'un poêle. Attention à ne pas mettre la face enduite des surcouches en PUL en contact direct avec la source de chaleur, vous risqueriez de les faire fondre.

La couche idéale pour faire de beaux rêves

Si votre enfant dort une douzaine d'heures d'affilée (mais si, ça va venir !) ou qu'il boit en grande quantité avant de dormir et de fait, mouille beaucoup sa couche la nuit, vous pourriez avoir besoin de couches spécifiques pour la nuit.

Voici quelques conseils pour bien choisir sa couche de nuit.

* Pour un effet au sec, privilégiez le tissu polaire. Vous pouvez ajouter un voile polaire (voir page 46) au-dessus de l'insert absorbant, ou vous procurer des couches dont l'insert est déjà recouvert de cette matière (comme le modèle « Sweet Lili » de chez Ptits Dessous®).
* Utilisez des couches classiques ou des langes qui sont très absorbants. Vous pourrez toujours y ajouter un voile polaire intégral pour un effet au sec (c'est une sorte de culotte qui entoure le siège de bébé et se place à l'intérieur de la couche en contact direct avec la peau, à découvrir sur bopotin.com).
* Si votre bébé a la peau sensible, évitez le polaire et préférez des matières naturelles comme le polaire de coton ou la soie (Popolini® propose des bourrettes de soie à utiliser comme des voiles de protection).

Pour certains bébés, une couche TE2 avec un renfort d'absorption suffira pour les siestes et les nuits.

Il se peut que vous ayez du mal à trouver LA couche adaptée pour votre bébé la nuit si c'est un gros dormeur et qu'il est gourmand. Je vais vous faire une confession : ma fille n'a connu les couches de nuit que vers 12 mois parce qu'elle faisait de moins gros pipis la nuit et que je ne connaissais pas encore certains modèles très performants. Pour mon garçon, j'avoue utiliser des couches jetables en cas de poussées dentaires, lorsqu'il est malade, ou au moment d'acquisitions diverses (motricité, langage...) à l'origine de perturbations de son sommeil.

Il est important d'être à l'aise avec l'utilisation des couches lavables. Certains parents me disent ne les employer qu'en journée ou uniquement à la maison. Même si vous avez recours aux couches lavables seulement de temps en temps, c'est déjà un premier pas formidable. Ne culpabilisez pas ! Ce guide est fait pour vous donner toutes les bonnes astuces afin de vous lancer dans l'aventure des couches lavables sereinement, vous faciliter la tâche et vous faire gagner du temps. Cependant à certains moments, on n'a pas envie de se rajouter une lessive en plus de tout le reste et tout le monde peut le comprendre. Faites de votre mieux sans vous miner !

Et lorsque l'on voyage ?

Si vous voyagez beaucoup, je vous conseille de choisir des couches lavables adaptées :

* le temps de séchage de l'absorbant doit être assez rapide, donc privilégiez des matières synthétiques comme la microfibre ;
* emportez le moins de couches possible donc choisissez plutôt un modèle TE2, voire TE3 (1 culotte pour 2 ou 3 absorbants).

Si vous choisissez un modèle hybride, il offrira la possibilité d'utiliser des absorbants jetables, plus pratiques lorsque l'on voyage.

La table à langer du bébé écolo

1. Des couches lavables
2. Des voiles jetables ou en polaire
3. Des lingettes lavables et/ou des gants de toilette
4. Du détachant au fiel de bœuf
5. Un savon naturel (pour le siège, le corps et les cheveux)
6. Un flacon d'eau
7. Un bac de stockage
8. Une poubelle
9. De l'argile
10. Un flacon d'huile de *Calendula*

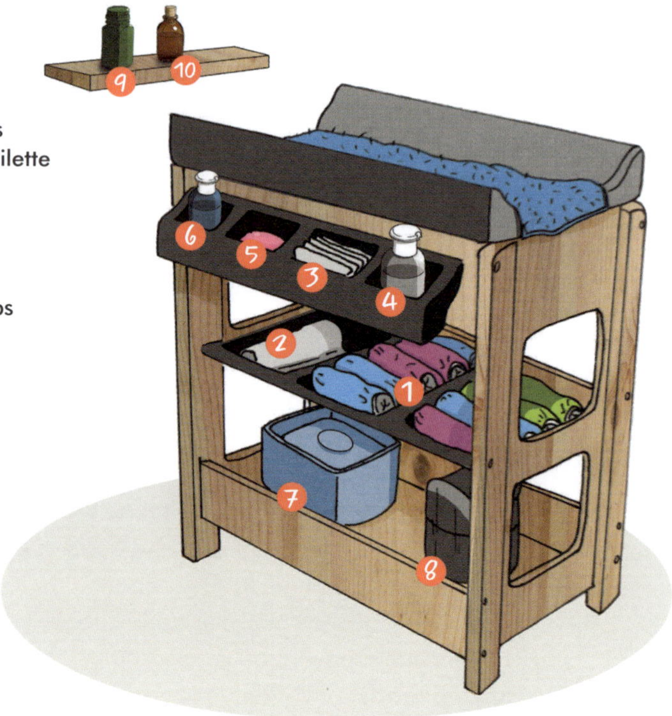

QUELQUES CONSEILS POUR LE CHANGE

* Vérifiez que vous disposez de tout le nécessaire (voir illustration ci-contre) avant de commencer le change afin de garantir le confort et la sécurité de bébé.
* Placez une couche propre à portée de main.
* Ouvrez la couche sale et en cas de selles, essuyez le plus gros avec la face intérieure de celle-ci. Si vous utilisez un voile de protection, il vous sera très pratique dans ce cas.
* Refermez la couche sale en la laissant sous les fesses de bébé, puis nettoyez le siège avec une lingette lavable et de l'eau et du savon.
* Déposez la couche souillée dans le bac de stockage et mettez en place la couche propre.
* Réglez le velcro ou les boutons-pression de façon à ce que la couche ne soit ni trop serrée ni trop lâche, vous devez être capable de passer un doigt entre la couche et le ventre ou le dos de bébé.
* Vérifiez que le voile de protection ne dépasse pas de la couche si vous en utilisez un. Ces petits contrôles vous éviteront les fuites !

À chaque étape, évitez de soulever votre bébé par les pieds. Faites-le plutôt rouler sur le côté. Cette méthode permet d'éviter les reflux et de respecter les mouvements naturels du corps.

MA PETITE ASTUCE : pour tous vos achats de puériculture et de vêtements, pourquoi ne pas privilégier l'occasion ? Vous trouverez des trésors de seconde main dans les vide-greniers, les ressourceries ou les sites de revente comme *Il Était Plusieurs Fois* pour les vêtements et La Kidzerie pour le matériel de puériculture.

COMMENT PRENDRE SOIN DE LA PEAU DE BÉBÉ ?

Voici la routine conseillée par Jessica, fondatrice d'Asphodèle cosmétiques.

* Un hydrolat de camomille, lavande ou calendula pour débarbouiller le visage, nettoyer les fesses, ou encore La P'tite Lotion de chez Néobulle®.
* Du rassal, pour laver les cheveux lorsque l'eau ne suffit plus.
* Quelques flocons d'avoine dans le bain auront des vertus adoucissantes et apaisantes qui permettront d'atténuer l'effet desséchant du calcaire.
* Du sérum à base d'huiles végétales (olive, *Calendula* ou tournesol) pour l'hydratation quotidienne du visage et du corps.
* Une cold-cream comme celle de chez Alphanova® Bébé ou la Nutridouceur de chez Jonzac® sera idéale contre les sécheresses et irritations.

En cas d'érythème fessier, appliquez de l'argile verte en couche bien épaisse afin qu'elle ne sèche pas, car l'argile sèche déshydrate et il peut être douloureux de la retirer lorsque la peau est irritée.

Les croûtes de lait sont souvent causées par un champignon naturellement présent sur le cuir chevelu, qui prolifère en cas d'excès de sébum. Il faut donc utiliser des produits nettoyants très doux pour ne pas stimuler la production de sébum. Pour un tout-petit, je préconise éventuellement le *no poo* en utilisant du rassal.

Jessica est trop timide pour en parler mais je vous recommande également son shampoing solide pour bébés, à base d'avoine colloïdale et d'huile d'olive. Je l'utilise moi-même pour mes enfants, il laisse les cheveux propres et doux. C'est le seul qui ne provoquent pas de larmes au moment du rinçage car il ne pique pas les yeux !

7

Comment entretenir les couches lavables

L'entretien des couches lavables est LE sujet le plus abordé lors de mes ateliers. C'est celui sur lequel les parents ont le plus besoin d'être guidés et rassurés. Il existe des routines de lavage rapides, efficaces et naturelles. Suivez le guide.

Pour votre information, en France, au moment où j'écris ce livre, au moins cinq maternités utilisent des couches lavables. Il est donc tout à fait possible d'utiliser et d'entretenir des couches lavables dans le respect de normes d'hygiène strictes, comme cela est fait dans le milieu hospitalier.

Mais avant d'aller plus loin, je tiens à souligner deux points essentiels. Vous n'aurez pas besoin (ou très exceptionnellement) :

* de mettre les doigts dans le caca, grâce aux fameux voiles de protection que nous avons évoqués plus tôt ;
* de rincer vos couches avant de les stocker ou de les laver, votre machine à laver le fera pour vous.

L'entretien au quotidien

C'est là que la marque entre en jeu car la qualité des couches est essentielle dès qu'il s'agit de l'entretien. Plus le tissu sera de bonne qualité, plus les couches seront efficaces sur le long terme et plus leur entretien sera simple et rapide.

Le lavage des couches se fait tous les **2 ou 3 jours** (4 au maximum), tout simplement à **40 °C** avec un **prélavage** et un **lavage** d'un cycle d'au moins 1 h 30 à 2 h.

L'utilisation de vinaigre ou d'assouplissants du commerce est fortement déconseillée. Ils pourraient abîmer les élastiques des surcouches et encrasser la partie absorbante.

MA PETITE ASTUCE : il n'est pas nécessaire de séparer la partie absorbante de la surcouche pour les mettre en machine, vous gagnerez ainsi du temps. Pour les absorbants glissés dans des nacelles, ils sortiront tout seuls en machine. Quant aux inserts attachés par des boutons-pression, ils ressortiront bien lavés et toujours attachés à la culotte.

Vous pouvez utiliser le sèche-linge mais uniquement pour les absorbants en matières naturelles et de façon modérée c'est-à-dire pas trop souvent. Respectez bien les préconisations indiquées sur l'étiquette de la couche.

À ma connaissance, seule les marques Ptits Dessous® et Mon Petit Paquet® proposent des couches qui passent entièrement à 60 °C et au sèche-linge (surcouche imperméable + partie absorbante).

LAVER SES COUCHES À LA MAIN

Si vous faites un voyage itinérant, ou si par malheur votre machine à laver vous a lâchement abandonné, vous serez peut-être contraint de laver vos couches à la main. Voici comment il faut procéder.

1. Séparez la partie imperméable et la partie absorbante.
2. Rincez l'absorbant sous l'eau avant de le stocker si vous ne le lavez pas tout de suite.
3. Faites-le tremper avec des cristaux de soude (1 c. à s. par couche).
4. Rincez-le de nouveau puis lavez-le à la main dans une eau bien chaude avec une lessive maison à base de savon de Marseille ou tout autre lessive compatible (voir pages 68 et 70).

Pour les surcouches en PUL, un simple lavage à l'eau chaude avec la même lessive sera suffisant. Si vous utilisez des culottes en laine, il suffira de les laisser sécher si elles sont humides à cause de l'urine. Si elles sont tachées par les selles de bébé, rincez-les à l'eau tiède et frottez avec du savon noir la partie souillée.

En grandissant, votre enfant utilisera de moins en moins de changes. Vous pouvez donc ajouter du linge à vos couches lavables pour éviter de faire tourner des machines à moitié vides. Il vous suffira de programmer tout d'abord un simple rinçage avec essorage des couches, puis d'ajouter le reste de votre linge. Pour ma part, je préfère ajouter le linge de toilette ou les sous-vêtements en coton.

Le choix de la lessive

Il est important de choisir une lessive adaptée aux couches c'est-à-dire sans glycérine car elle risque d'encrasser l'insert et donc de le rendre moins absorbant.

Vous pouvez utiliser de la lessive maison pour laver vos couches lavables, à base de vrai savon de Marseille extra pur ou à l'huile d'olive comme celles vendues par la savonnerie La Corvette.

RECETTE DE LESSIVE MAISON

* Râpez 80 g de savon de Marseille dans 1,5 L d'eau.
* Portez à ébullition puis laissez refroidir.
* Versez 2 c. à c. de percarbonate et 2 c. à c. de cristaux de soude.
* Ajoutez de l'eau si le mélange est trop visqueux.
* Ajoutez une dizaine de gouttes d'huile essentielle d'arbre à thé et une douzaine de gouttes d'huile essentielle de lavande ou d'agrume pour le parfum (facultatif).

PENSEZ AUX HUILES ESSENTIELLES

Pour l'assainissement et le lavage de vos couches, ne vous privez pas de l'aide précieuse des huiles essentielles. Mais attention, il y a quelques précautions à prendre.

Si vous voulez assainir et désinfecter votre linge, utilisez de l'huile essentielle d'arbre à thé uniquement. Déposez 5 gouttes d'huile essentielle sur un gant (ou une lingette lavable) et placez-le dans votre bac de stockage ou dans le tambour de votre machine à laver.
Si vous souhaitez parfumer votre linge, seules les huiles essentielles de lavande, de citron, de mandarine et d'orange peuvent être utilisées (les autres étant toxiques pour bébé). Déposez 5 gouttes sur un gant en machine ou ajoutez-en quelques gouttes à votre lessive.

Anne-Sophie,
naturopathe à Tours,
www.asdufeutrelle.fr

Il existe une lessive végétale *made in* France que je souhaite mettre en avant dans ce guide. Créée par la marque Maison Plouf®, elle est dénuée de composants nocifs tels que des azurants optiques, des parfums, des colorants ou des conservateurs comme le benzisothiazolinone (BIT) présent dans la lessive Ariel® ou encore le méthylisothiazolinone (MIT) qu'on retrouve la lessive Le Chat® Bébé, tous deux allergisants. Il est possible d'ajouter à votre lessive des parfums naturels, fabriqués à partir de produits issus de cultures éthiques (*upcycling*). Deux parfums sont compatibles avec le linge de bébé : *dose de joie* et *dose de douceur*.

Si vous préférez utiliser une lessive industrielle, choisissez-la sans glycérine et avec un label écologique.

Voici quelques lessives que j'ai moi-même testées, qui sont très efficaces et que je vous recommande.

* Les lessives spécial couches lavables : Soapix®, Potion®, Ptits Dessous®.
* Les lessives classiques du commerce : Rainett® aloe vera, Super U écologique, Ecodoo®, lessive liquide Biocoop, lessive liquide Uni vert disponible dans les magasins Leclerc.

Il en existe bien d'autres et si vous souhaitez encore plus d'informations, vous pouvez contacter le conseiller/revendeur de couches lavables le plus proche de chez vous (voir la liste page 111 en fin d'ouvrage).

Vous pouvez utiliser sans aucun problème des balles de lavage anticalcaire et des battoirs.

Décrasser les couches

Après quelques années d'utilisation de couches lavables, j'ai constaté qu'il était nécessaire de faire un nettoyage en profondeur des couches tous les 3 mois pour des couches récentes et de qualité, et tous les mois pour des couches plus anciennes ou de moins bonne facture, et ce systématiquement. Il sera aussi nécessaire de les décrasser dès qu'un problème de fuites ou d'odeurs apparaît.

En effet, si vous ne procédez pas à une routine de décrassage, ces petits désagréments peuvent vite être pénalisants. Cela vous pousse à faire des cycles de lavage quotidiens très longs – gourmands en eau – ou à utiliser des produits chimiques agressifs qui peuvent contenir des substances potentiellement allergisantes, des tensioactifs, ou même des hydrocarbures !

Voici une petite routine de décrassage qui a fait ses preuves.

1. Lavez à 40 °C les surcouches et les inserts.
2. Trempez les inserts seuls dans de l'eau très chaude, en ajoutant 1 c. à s. de cristaux de soude par couche et 1 c. à s. de percarbonate par couche (en cas de taches tenaces), pendant 1 à 2 heures.
3. Relavez les inserts en machine à 60 °C en ajoutant éventuellement un peu de vinaigre d'alcool dans le compartiment assouplissant.

Je n'utilise que des produits d'entretien naturels et non polluants.

Détacher les couches

Même si vous utilisez des voiles de protection, vos couches ont de grandes chances d'être tachées par les selles de votre bébé. Vous pouvez utiliser deux produits naturels pour les détacher.

* **Le percarbonate de soude.** Efficace dès 40 °C, vous pouvez l'utiliser sur les inserts en les faisant tremper dans de l'eau très chaude pendant une heure ou deux, en ajoutant 1 c. à c. par couche. Ce produit n'est pas toxique et remplace très bien l'eau de Javel pour blanchir. Attention néanmoins à ne pas le mélanger avec des produits acides et à le laisser hors de portée des enfants.
* **Le fiel de bœuf.** Issu de la bile de l'animal, c'est un excellent détachant. Il « digère » la tache et peut être utilisé sur les inserts comme sur les surcouches. Si vous le trouvez sous forme de pain de savon, faites fondre 5 g dans 250 mL d'eau bouillante puis versez dans un flacon. Gardez la préparation près de la table à langer. En cas de tache, versez tout de suite le mélange sur celle-ci avant de mettre la couche dans le bac ou sac de stockage. Inutile de rincer, le fiel aura le temps de faire son travail avant la mise en machine.

QUAND BÉBÉ PREND DES MÉDICAMENTS

Sachez que lorsque bébé prend du paracétamol sous forme de sirop, le colorant de ce médicament peut colorer la couche de taches brunes ou violettes difficiles à enlever, mais qui s'effacent avec le temps. Pour préserver au mieux vos couches, vous pouvez superposer deux voiles jetables ou en mettre un en polaire. Pour limiter les taches, j'utilise plutôt du Doliprane en suppositoire.

Désinfecter les couches quand bébé est malade

Vous pouvez continuer d'utiliser vos couches lavables même lorsque bébé est malade. Le lavage à 40 °C détruit une quantité importante de micro-organismes indésirables mais pour être sûr de désinfecter parfaitement vos absorbants, vous pouvez les passer au sèche-linge à 60 °C.

Vous pouvez aussi procéder à la routine de décrassage (page 71) qui assainira complètement vos couches.

Encore une fois, vous avez le choix ! Vous pouvez continuer d'utiliser vos changes lavables ou quelques couches jetables ! Personne ne vous blâmera si vous n'avez pas envie de nettoyer 8 couches par jour alors que votre bout de chou a la gastro et que vous devez gérer simultanément son état de santé… et tout le reste !

Les produits à éviter

Afin de préserver vos couches lavables, il vaut mieux éviter certains produits.

* **Le liniment.** En effet celui-ci est très gras et risque d'encrasser les inserts, et par conséquent d'en diminuer les capacités d'absorption.
* **Le bicarbonate et le vinaigre d'alcool.** Ils sont à éviter ou à utiliser en petites quantités, ils peuvent abîmer les élastiques ou altérer l'imperméabilité des culottes en PUL.
* **Les assouplissants industriels** et **les lessives du commerce** non écologiques.

8

Les couches lavables en vadrouille

Avoir un ou plusieurs enfants et des convictions écologiques ne doit pas vous empêcher d'avoir la bougeotte ! Voici des astuces qui vous permettront de continuer à sortir au parc, au musée, à aller dîner chez des amis, à partir en week-end ou même en voyage, tout en utilisant des couches lavables sereinement.

En promenade

Rassurez-vous, ce n'est pas compliqué de partir en promenade au parc ou chez des amis lorsque bébé porte des couches lavables. Ça n'est pas plus difficile qu'en utilisant des langes jetables, c'est simplement différent. Il suffit d'avoir les bons accessoires dans son sac à langer. Tout est question d'organisation !

MA PETITE ASTUCE : je récupère les sachets papier kraft du marché pour en faire des sacs poubelle et y mettre les voiles jetables souillés.

TOUT CE DONT J'AI BESOIN POUR PARTIR EN BALADE

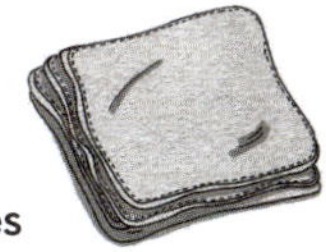

Des lingettes lavables

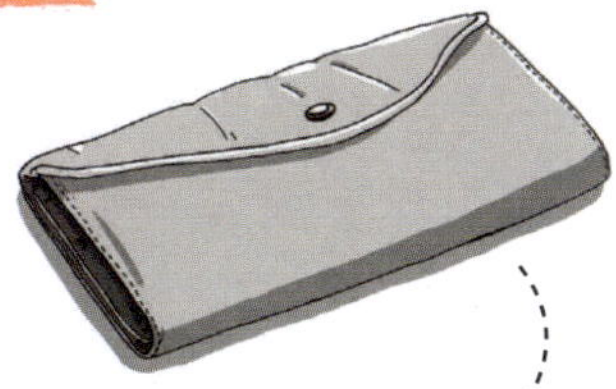

Un matelas à langer nomade

Un flacon d'eau et un savon

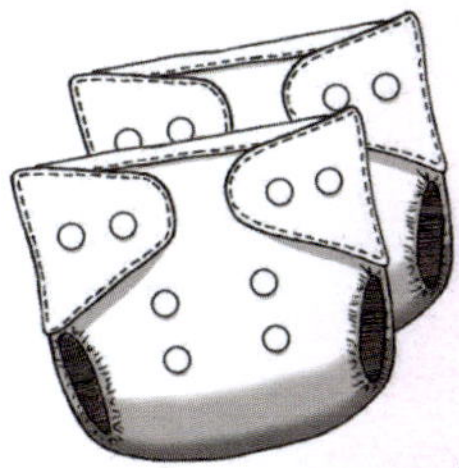

Des couches lavables (évidemment !)

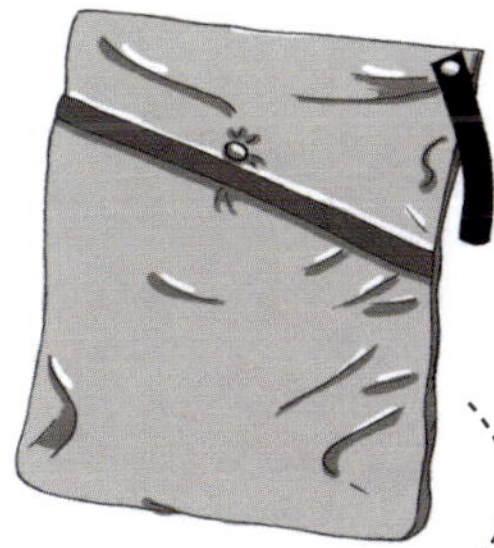

Un sac de stockage

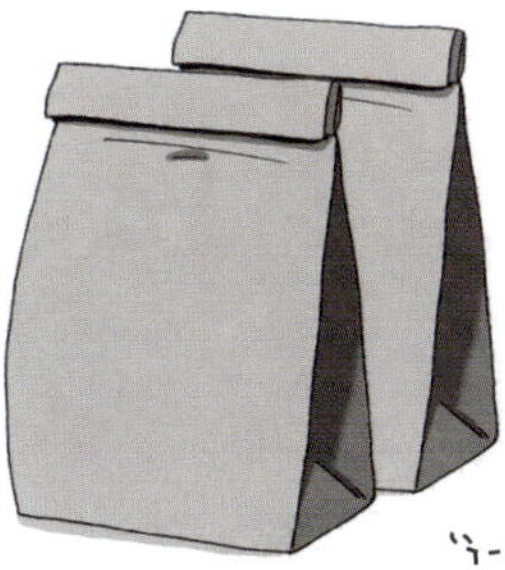

Des sachets en papier kraft

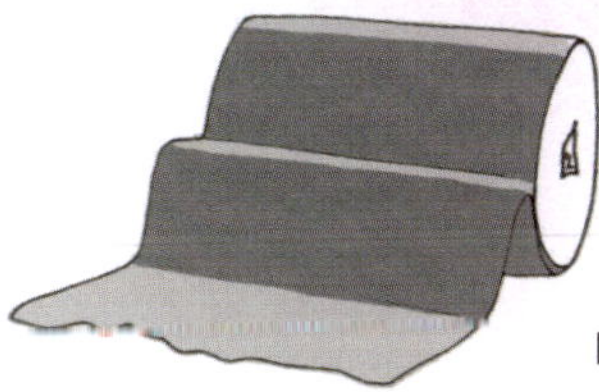

Des voiles jetables

➕ une tenue de rechange (on ne sait jamais…)

Vous aurez besoin de 2 changes si vous sortez moins de 3 heures, puis de 1 change supplémentaire par tranche de 3 heures, et d'autant de voiles de protection.

Par exemple, pour une sortie de 3 heures en TE1, il faudra 2 couches et en TE2, 1 culotte et 2 inserts absorbants.

En voyage

Ça y est, vous avez réservé vos vacances, vous allez enfin pouvoir profiter de bons moments, mais vous ne savez pas trop comment vous organiser avec vos couches lavables... Voici quelques conseils en fonction des différentes situations qui peuvent se présenter à vous.

En avion ou en train

Voyager avec bébé peut être un peu stressant, surtout lors de longs voyages en avion ou en train. Et il peut être désagréable de se déplacer avec 4 ou 5 couches souillées dans ses affaires... Dans ces cas-là, utilisez des changes jetables si cela vous permet d'être un peu plus serein. Ce n'est pas grave du tout !

Vous louez chez un particulier

Choisissez un lieu équipé d'une machine à laver ou alors pensez à repérer la laverie la plus proche avant le départ.

Vous êtes en club ou en camping

Aujourd'hui la plupart des campings mettent à disposition des machines à laver, mais vérifiez bien avant de réserver vos vacances. Sinon repérez la laverie la plus proche.

Vous séjournez à l'hôtel

Tous les hôtels ne proposent pas un service de blanchisserie et si c'est le cas, vos couches ne seront peut-être pas lavées avec les produits que vous souhaitez ni même à la bonne température. La meilleure solution ? Repérer une laverie proche de votre hôtel.

Vous faites un voyage itinérant ou en camping-car

Privilégiez une couche facile à laver à la main, comme les couches avec les inserts pliés en trois ou les préplates, au cas où vous ne croiseriez pas de laverie pendant plus de 4 jours.

Vous restez chez des amis ou la famille

Prévenez peut-être vos hôtes à l'avance, car si vous partez plus de 2 ou 3 jours, vous aurez besoin d'utiliser leurs appareils électroménagers ou d'un peu de place pour étendre le linge.

Dans tous les cas, n'oubliez pas d'emporter votre lessive et vos sacs et bacs de stockage ! Et pensez aux couches hybrides (page 35) qui peuvent être très pratiques en voyage.

Combien de couches dois-je emporter ?

Pour un séjour de deux jours, vous aurez besoin d'une dizaine de changes. Pour des séjours plus longs, une quinzaine de changes vous permettront de faire des lessives tous les deux ou trois jours.

En pratique, si vous avez choisi :

* des TE2, emportez 6 à 10 culottes et 15 inserts ;
* des TE1, il faudra 15 couches complètes ;
* des classiques ou des langes, prenez 2 ou 3 culottes et une quinzaine d'absorbants.

Vous aurez aussi besoin de 5 ou 6 voiles par jour de voyage si vous en utilisez.

Enfin, il vous faudra 1 dose de lessive pour 2 jours. Par exemple, si vous partez 10 jours, prenez 5 doses de lessive.

En été, vous aurez besoin de moins de couches que durant l'hiver car elles sèchent plus vite. Mais surtout, VIVE LES CULS NUS !

LES COUCHES LAVABLES AUTOUR DU MONDE

Louez des couches lavables, c'est possible dans le monde entier alors pensez à vous renseigner avant de partir. Cela vous évitera d'emmener tout l'équipement nécessaire et cela allégera considérablement vos bagages !

Diane, une Française expatriée à l'île Maurice y a créé Smarty Nappy, un service de location et de lavage de couches.

Et si vous avez la chance de partir au Vanuatu, sachez que le président de ce magnifique pays a décidé d'y interdire la vente de couches à usage unique (ou tout autre produit en plastique jetable) depuis le 1er janvier 2021. Une belle initiative à saluer !

9

Et quand bébé va à la crèche ?

Comme la majorité des parents, vous travaillez et vous devez faire garder votre enfant. Il se peut que la crèche de votre quartier rechigne à accepter les couches lavables. Cela ne signifie pas pour autant que vous devez y renoncer. Voici mes conseils aux parents et aux professionnels de la petite enfance.

Conseils à destination des parents

Sachez tout d'abord qu'il n'y a pas de loi qui encadre l'utilisation des couches lavables au sein des structures d'accueil de la petite enfance et chez les assistantes maternelles. Il n'y a aucune loi qui l'interdit et il n'y a pas non plus de contre-indications. D'après mes recherches, *la plupart* des PMI (centres de Protection Maternelle Infantile) acceptent de donner des agréments aux crèches, microcrèches, jardin d'enfants, etc. et aux assistantes maternelles qui fournissent ou acceptent des couches lavables.

De plus, tous les professionnels de la petite enfance sont dans l'obligation d'accueillir votre enfant et ce dans les mêmes conditions qu'à la maison. Bien évidemment vous devez respecter des conditions d'hygiène strictes. Cela signifie que vous devez fournir des couches lavables en quantité suffisante, des voiles de protection et un ou plusieurs sacs imperméables pour stocker le sale tout en le séparant du propre.

Lors de votre rencontre avec la ou les professionnel(le)s, n'hésitez pas à dire que votre enfant porte des couches lavables et que c'est dans ces conditions que vous souhaitez le faire garder. Évitez de demander : « c'est possible de faire garder mon enfant en couches lavables ? », cela leur offre une porte de sortie… Expliquez bien que vous saurez respecter des conditions d'hygiène optimales (citées ci-dessus). Vous pouvez proposer une démonstration d'un change en utilisant vos couches lavables, pendant la période d'adaptation de l'enfant par exemple.

De plus en plus de pros de la petite enfance sont sensibilisés à ce genre d'initiative, et encouragent l'utilisation des couches lavables. Mais ce n'est pas encore gagné partout. Alors chers parents, si vous êtes confrontés à un refus, tentez de faire accepter votre choix. Vous vous sentirez plus à l'aise au sein de la structure d'accueil.

Les motifs fréquemment invoqués en cas de refus

" Ce n'est pas inscrit dans notre règlement ou la PMI de mon département n'autorise pas les couches lavables."

Dans ce cas, prenez rendez-vous avec la direction ou l'adjoint(e) au maire chargé(e) de la petite enfance et tenter d'obtenir un assouplissement ou une révision du règlement. Cela passe par de la pédagogie et une attitude bienveillante. Prenez l'exemple d'autres structures qui acceptent les couches lavables dans votre département (liste disponible sur www.guide-couches-lavables.fr) et expliquez que la PMI est favorable à l'accueil des enfants en couches lavables. Rappelez-leur leurs engagements éthiques et sociaux de favoriser le bien-être et l'accueil de TOUS les enfants. J'ai adopté cette stratégie dans ma commune, ça a fonctionné.

“ Les professionnel(le)s ne souhaitent pas utiliser de changes lavables car ça n'est pas hygiénique."

Référez-vous aux chapitres précédents pour les rassurer. Expliquez le rôle du voile jetable, afin de montrer que personne n'aura à mettre les doigts dans le caca de votre bambin et présentez cela avec le sourire ! À ce jour, cinq maternités sont équipées de couches lavables, c'est bien la preuve que si vous les entretenez correctement, les couches lavables peuvent respecter les normes d'hygiène les plus strictes.

Conseils à destination des professionnel(le)s de la petite enfance

Vous souhaitez utiliser des couches lavables dans votre structure mais vous ne savez pas comment faire ? Il existe des formations qui peuvent vous aider.
Voici une liste des organisations et des accompagnants par région.
Cette liste n'est pas exhaustive, elle rassemble des professionnels qui ont des années d'expérience et en qui j'ai toute confiance.

Région parisienne

Apinapi est une entreprise qui forme de nombreux professionnels à l'utilisation des couches lavables : crèches, sages-femmes, assistant(e)s maternel(le)s.

Site web : www.apinapi.org

Région lyonnaise

Julia Dombradi alias **Éclaircie Conseils** aide les crèches à changer leurs pratiques en matière de développement durable et forme à l'utilisation des couches lavables.

Site web : www.eclaircie-conseil.com

Région touraine en présentiel et partout en France en de webinaire

Je propose des accompagnements destinés aux professionnels de la petite enfance, aux futurs créateurs de couches lavables, aux doulas, aux sage-femmes, aux accompagnants parentaux... Ce séminaire permet de devenir expert en couches lavables : choix et utilisation de la couche, entretien en milieu professionnel (collectivités, location).

Devis sur demande par mail : marianne.accompagnante@gmail.com

Région grenobloise

Laurent Levrot, conseiller et accompagnant en santé environnementale anime des ateliers de découverte des couches lavables. Il accompagne les crèches dans l'expérimentation et/ou la mise en place des couches lavables.

Site web : www.zero-toxique.fr

Région landaise

Les Ateliers de Maliti est une association dirigée par Karine. Elle propose des formations et accompagnements pour les professionnels de la petite enfance.

Site web : www.lesateliersdemaliti.com

Région Franche Comté

Alexandra Grivel propose divers accompagnements pour les structures d'accueil de la petite enfance, les élèves en école d'auxiliaires de puériculture ou CAP petite enfance.

Site web : www.sybert.fr

Région nantaise

L'atelier des Langes est une association qui propose des conférences sur les couches lavables destinées aux professionnels de la petite enfance, ainsi que de la location et de l'entretien des couches pour les collectivités.

Site web : www.latelierdeslanges.fr

Toutes ces formations sont payantes.

10

Apprentissage de la continence et hygiène naturelle

Il existe une idée préconçue sur les couches lavables, plutôt positive (une fois n'est pas coutume), selon laquelle les enfants qui en portent seraient « propres » plus tôt que les autres. Vrai ou faux ?

Avant de répondre à cette question, une précision. Je n'utiliserai plus le terme de « propreté » dans ce chapitre sciemment. Je parlerai plutôt de capacités à se relâcher ou à se retenir. J'emploierai aussi les mots « continence » et « élimination » qui me semblent plus appropriés. En effet, je ne considère pas que l'enfant qui fait ses besoins dans sa couche soit sale, donc il ne devient pas propre en utilisant le pot ou les toilettes. Revenons à présent à notre question.

Il est difficile de savoir si les enfants porteurs de couches lavables sont continents plus tôt que les autres. Cependant il est certain que la sensation d'humidité qui persiste dans une couche lavable permet d'avoir plus facilement conscience de ses éliminations. Dans les couches jetables, cette sensation est immédiatement annulée par les composants chimiques qui transforment le liquide en gel et provoquent donc un effet au sec, même quand la couche est bien pleine.

Les parents « laveurs de couches » vont peut-être avoir tendance à laisser leur progéniture déambuler « fesses à l'air » dès que les conditions météorologiques le permettent. Non pas particulièrement pour que bébé utilise le pot, mais certainement pour s'éviter quelques lessives.

L'hygiène naturelle infantile

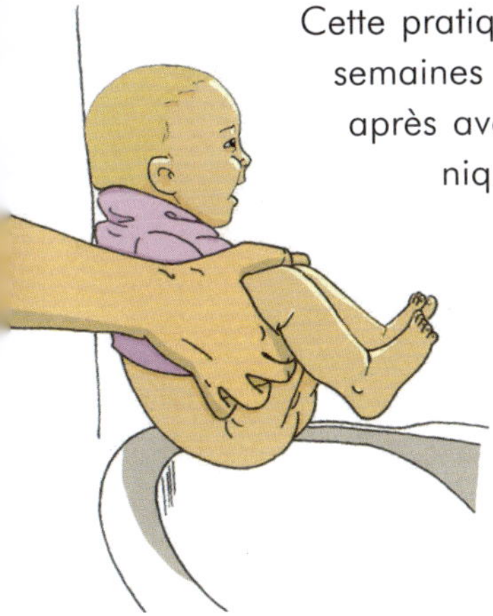

Lorsque vous effectuez des recherches sur les couches lavables, il se peut que vous entendiez parler de l'hygiène naturelle infantile ou HNI. Cette pratique consiste à proposer à son bébé, dès ses premières semaines de vie, d'éliminer au-dessus d'un pot ou d'un lavabo après avoir observé, durant quelques jours, les signes communiqués par celui-ci lorsqu'il élimine. Avant d'éliminer, bébé peut émettre un son, devenir rouge ou encore vous chercher du regard ; les signes sont variés et parfois discrets.

Vous pouvez, à plusieurs reprises, proposer à bébé un petit moment d'éveil sur un tapis imperméable pour voir s'il vous donne un signal avant d'éliminer. Cette proposition faite à l'enfant s'accompagne par la parole. Vous devez verbaliser tout ce qu'il se passe et ce que vous attendez de lui. Par exemple : « Maintenant que j'ai enlevé ta **couche**, je vais mettre le **pot** sous tes **fesses** », « Tu peux, si tu en as **envie**, te **relâcher** et faire **pipi** ou **caca** dans le pot/dans le lavabo ».

Voici quelques signes que vous pourrez utiliser pour communiquer avec bébé sur le thème de l'élimination et de la continence.

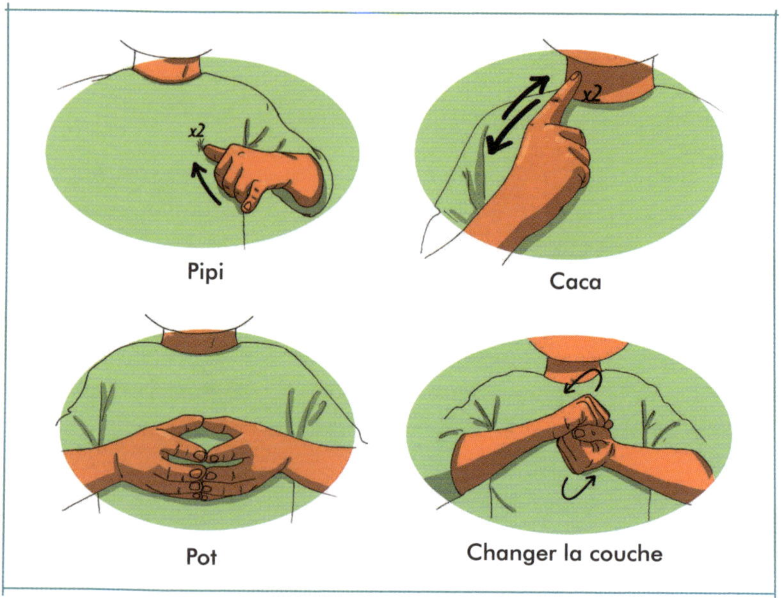

Il existe des modèles de couches lavables spécialement conçus pour la pratique de l'HNI. Ces couches se présentent sous la forme d'un grand rectangle de tissu que l'on vient positionner au bas du dos de bébé et que l'on fait remonter jusqu'au nombril (voir photo page 87). Elles s'attachent à la taille de bébé grâce à un élastique, ce qui permet de les enlever facilement.

Il en existe deux types :

* **les Mini-HNI :** la partie imperméable est en PUL, et elle est cousue à la partie absorbante ;
* **et les Protect'hop :** la partie imperméable est en laine, et indépendante de la partie absorbante.

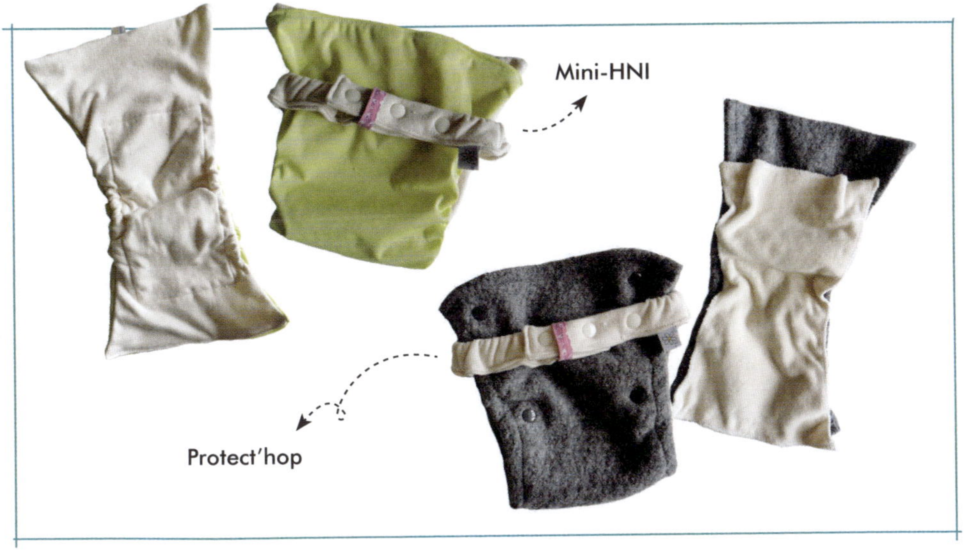

Selon **Rokiyah, psychomotricienne spécialiste de l'HNI** « l'utilisation des couches lavables est tout à fait compatible avec la pratique de l'hygiène naturelle. D'ailleurs, les parents adeptes de cette pratique utilisent préférentiellement des couches lavables pour leur pouvoir d'absorption limité, ceci afin de permettre à leur bébé de rester connecté avec ses besoins d'élimination. La sensation d'humidité permet de faire le lien avec le relâchement de la miction, car le besoin d'élimination est une sensation externe et interne. Pour le parent, la difficulté est de savoir si l'enfant a fait pipi et à quel moment il l'a fait. Le seul moyen est d'ouvrir légèrement la couche de temps en temps.

C'est pour cette raison que certains optent pour des langes en tissu ou des Mini-HNI, surtout en période d'observation, afin de constater à vue d'œil ou au toucher si leur bébé a fait pipi. »

L'hygiène naturelle infantile peut se pratiquer :

* **intégralement** : c'est-à-dire tout le temps et en tous lieux, bébé portera peu de couches voire jamais ;
* **partiellement** : c'est-à-dire selon les situations de la vie quotidienne ; par exemple, à la maison bébé n'aura pas de couche mais il en portera à l'occasion de sorties, ou bien à la crèche ou chez les grands-parents ; ou bien encore il n'en portera pas le jour mais uniquement la nuit.

Il existe aussi des pots adaptés à la pratique de l'HNI et respectueux de la physiologie de l'élimination, c'est-à-dire permettant au bébé d'avoir les genoux au-dessus des hanches. Il y a aussi des vêtements conçus pour favoriser cette pratique tels que les pantalons dits « chinois » qui s'écartent à l'entre-jambe ou des gigoteuses HNI, ouvertes sur le bas.

Où trouver des couches et autres accessoires spécial HNI ?

Ecopitchoun. En devenant mère, Christina a très vite repéré les signes de besoin d'élimination de ses enfants et a souhaité trouver une autre solution que les couches pour eux. En 2005, alors que l'Hygiène Naturelle Infantile (HNI) était encore méconnue en France, elle lit le livre d'Ingrid Bauer *Sans couches, c'est la liberté* et se rend compte qu'elle n'est pas seule à pratiquer cette méthode. Elle commence par fabriquer des vêtements adaptés pour ses propres enfants, puis ouvre une boutique de puériculture alternative bio en ligne et se spécialise dans les accessoires favorisant l'accompagnement vers la continence. Sur son site vous trouverez les deux modèles de langes HNI cités précédemment, des jupes d'aide à l'apprentissage de la continence nocturne ou encore des pots physiologiques et vêtements adaptés à la pratique. Elle anime également des ateliers et conférences et elle accompagne parents, bébés et professionnels, dans cette démarche.

Site web : www.ecopitchoun.fr

Sur mon site, vous trouverez également des couches compatibles avec la pratique de l'HNI, des tapis à langer bien utiles pour les phases d'observation sans couches ou encore des pots chapeaux, adaptés aux petites fesses des nouveau-nés. Je propose également des accompagnements HNI personnalisés ou en groupe.

Site web : www.mariannebertrel.com

11

Les solutions aux problèmes les plus fréquents

Voici les principales difficultés rencontrées par les parents que j'accompagne et les solutions que je leur propose.

En plus comme il paraît que j'ai réponse à tout (dixit ma mère, mon père, mon mari, enfin bref tous ceux qui osent me contrarier…), vous pouvez donc compter sur moi pour trouver des solutions.

« Nous avons arrêté les couches lavables car notre bébé avait tout le temps les fesses rouges. »

Bien souvent, les couches utilisées par ces parents étaient en microfibre ou en polaire ou les enfants avaient des peaux atopiques. Certains bébés sont sensibles aux tissus synthétiques. Dans ce cas, il sera intéressant de choisir des absorbants en coton bio ou une autre matière naturelle non traitée comme le chanvre.
Il se peut que ce soit également dû à un contact prolongé avec la couche mouillée, pendant la nuit notamment. Je conseille alors d'utiliser des couches lavables en journée et d'opter pour une couche jetable la nuit, si un insert en matière naturelle n'y change rien.

« Les premières semaines tout se passait bien, puis nous avons commencé à faire face à des problèmes de fuites tous les jours, jusqu'à ce que nous décidions d'arrêter car cela devenait ingérable. »

J'ai bien sûr demandé à chaque fois que j'ai eu ce type de retour, quelle marque de couche lavable avait été utilisée. Il s'avère que dans la grande majorité des cas, il s'agissait de couches d'occasion ou de mauvaise facture.

Certaines grandes marques – souvent chinoises, américaines ou anglaises – n'indiquent pas clairement le lieu de fabrication de leurs produits. Mais en fouillant un peu, j'ai découvert qu'elles viennent d'Asie ou des pays d'Europe de l'Est. Ces couches sont efficaces quelque temps, puis elles s'encrassent car les matériaux utilisés (souvent de la microfibre) sont de mauvaise qualité ce qui donne une couche avec une durée de vie très limitée.

Je recommande de louer vos couches avant de les acheter si vous en avez la possibilité ou de choisir parmi les marques françaises que je propose à la fin du livre ou encore d'acheter des couches en tissu d'origine naturelle de qualité.

J'entends déjà quelques lecteurs ou lectrices s'insurger car ils/elles utilisent ces couches et eux/elles, en sont très sont satisfait(e)s. En effet, certaines personnes en raffolent et en achètent parfois 50 ou plus ! Ces couches étant achetées en nombre, elles sont moins souvent utilisées et s'abîment moins vite. Ces mêmes personnes utilisent aussi bien souvent des détergents chimiques très puissants pour les entretenir… Si on préfère rester dans la sobriété et consommer responsable, je suppose qu'il est préférable d'acheter un stock raisonnable de couches de bonne facture et d'utiliser une méthode d'entretien naturelle. C'est ma conviction et je peux comprendre qu'elle ne soit pas partagée par tous. Ma méthode est efficace, mais elle n'est pas la seule, je l'admets bien volontiers.

« Les couches lavables n'étant pas adaptées aux nouveau-nés, nous avons utilisé du jetable quelques mois puis nous avons trouvé des couches écologiques alors nous les avons gardées. »

Comme nous l'avons vu, il existe des couches adaptées aux nouveau-nés. Vous pourrez les louer ou en acheter un lot pour les tester sans vous ruiner. Commencer à utiliser les couches lavables dès les premières semaines de vie de bébé permet d'intégrer l'entretien de celles-ci dans la routine familiale et cela peut être une des clés de la réussite. Quant aux couches à usage unique dites écologiques, il faudrait certainement établir des critères sur ce qui est ou non écologique. Une industrie de produits de confort qui génère des millions de tonnes de déchets plastiques par an, peut-elle qualifier ses produits d'écologiques ?

« Mon bébé a une digestion difficile et quand il fait caca, ça déborde souvent du voile ! »

J'ai déjà rencontré ce problème à titre personnel et en effet c'est embêtant. Dans ce cas, vous pouvez doubler les voiles de protection et utiliser des couches qui résistent à de nombreux lavages à 60 °C comme celles de la marque Ptits Dessous® ou Mon Petit Paquet®, que nous avons déjà évoquées et qui sont très résistantes. Vous pouvez verser un peu de détachant au fiel de bœuf avant de les stocker dans le bac (voir recette page 72).

« Je n'arrive pas à trouver une couche suffisamment performante pour la nuit, j'ai pourtant essayé de nombreux modèles et ajouté parfois 2 boosters ! »

Vous êtes formidable ! Si vous pensez avoir tout essayé et que vous êtes l'heureuse mère d'un enfant qui dort très longtemps la nuit, alors je vous propose de lâcher prise sur une couche par jour en utilisant du jetable la nuit. L'utilisation des couches lavables en journée seulement reste une solution très responsable et économique. Et si vous voulez, vous pourrez retenter l'expérience dans quelques semaines ou mois, peut-être qu'en grandissant, bébé fera des plus petits pipis de nuit.

« J'ai peur de manquer de temps pour faire les lessives et de me retrouver sans couches propres. »

Pour éviter de vous retrouver dans cette situation, je vais vous donner quelques astuces.

* Vous pouvez acheter un équipement principal de couches neuves et quelques couches bonus de seconde main, comme je l'ai expliqué page 55. Pour être certain de ne jamais être en panne de couches, une trentaine de couches me semble suffisant.
* Choisissez des inserts en microfibre, ils sèchent très vite.
* Gardez dans un placard caché quelques couches jetables pour les urgences. Je précise « caché » ou loin de la table à langer car parfois nos mains seront tentées de piocher dans le paquet de couches jetables même s'il y a des couches lavables sèches et propres dans la buanderie (histoire vraie).

« Le papa (désolée messieurs, mais ça m'a toujours été présenté dans ce sens) n'est pas partant pour laver les couches, je ne me suis pas lancée car je ne me sentais pas de le faire seule. »

Mesdames, offrez ce guide à votre conjoint réticent ou proposez-lui de participer à un atelier de découverte près de chez vous (voir répertoire page 95). Les papas sont peu nombreux à participer aux ateliers, il sera forcément valorisé par les autres participantes. Cela lui donnera envie, c'est certain !

Messieurs, votre compagne a porté votre/vos enfant(s) durant 9 mois ou presque, cela demande beaucoup d'énergie, elle a besoin de vous ! Je suis certaine que vous voulez ce qu'il y a de mieux pour votre tout-petit, n'est-ce pas ? Faire 1 ou 2 lessives par semaine, pour offrir le meilleur à votre bébé, tout en économisant l'équivalent d'un SMIC ou 10 soirées resto (baby-sitting compris) ou 10 ans d'abonnement à Netflix et en préservant la planète est tout à fait dans vos cordes, soyez-en sûrs ! Et je rappelle que vous n'aurez pas à mettre les doigts dans le caca. Elle n'est pas belle la vie ?!

Je rencontre de plus en plus de pères lors de mes ateliers ou parce qu'ils s'occupent de gérer la location des couches et j'en suis ravie car ils sont souvent très à l'écoute et deviennent vite des experts du sujet. Bravo à vous, Jérémy, Vadim, Thomas, Antoine, Alexandre ou encore Thibault et tous ceux dont je n'ai pas retenu le prénom.

12

Ressources

Dans cette partie, vous retrouverez un répertoire des marques que je recommande et une liste des conseillers et revendeurs de couches lavables.

Les marques que je conseille

Dans ce livre, j'ai souhaité mettre en avant certaines marques de couches lavables françaises – de la plus petite créatrice au plus grand fabricant. Toutes ces couches ont été testées et approuvées par moi ou par des parents qui ont une grande expérience des couches lavables. Je n'ai gardé pour vous que le meilleur !

J'ai sélectionné ces marques en fonction de différents critères : éthique et valeurs du fabricant, qualité et certifications des matières, durabilité et résistance des couches dans le temps et praticité à l'utilisation.

Les tarifs indiqués sont ceux de l'année 2020.

APIAFRIQUE

Après 10 ans dans le cinéma et l'audiovisuel, les créatrices de la marque, Marina Gning et Jeanne-Aurélie Delaunay, souhaitent démocratiser les couches lavables et les produits naturels pour bébés. Elles ouvrent Apinapi, leur boutique de couches lavables à Paris. Marina passe beaucoup de temps au Sénégal avec son mari Abdoulaye et c'est là-bas qu'Apiafrique est né. C'est une entreprise sociale sénégalaise qui propose des produits d'hygiène, pour femmes et enfants, innovants et respecteux de l'environnement.

API AFRIQUE

“ **Mon avis** : *Les couches Apiafrique possèdent des motifs originaux et les TE2 sont très efficaces. Il m'est déjà arrivé d'utiliser la culotte toute une journée, sans avoir besoin de la rincer. Les inserts sont d'une douceur incroyable !*

* **Modèle et accessoire proposés** : TE2 et sac imperméable
* **Matières** : coton bio, PUL
* **Labels** : GOTS, Oeko-Tex® Standard 100
* **Lieu de fabrication** : Sénégal
* **Tarifs** : couche à l'unité à 28,90 € • pack découverte à 39,90 € • équipement complet (soit 2 packs confort) à 360 €

En vente sur www.mariannebertrel.com

BÉBÉS LUTINS

Bébés Lutins a été créé en 2006 par Katia. L'entreprise se situe à Thiers au cœur de l'Auvergne. L'équipe est composée de 8 femmes, 8 paires de mains formées par les créateurs de la marque. Les tissus sont soigneusement choisis pour proposer des couches écocitoyennes, durables, efficaces et saines pour vos enfants.

“ **Mon avis** : *Bébés Lutins est l'une des plus anciennes marques de couches lavables françaises. J'en ai entendu parler à la naissance de ma fille – quand j'ai commencé à m'intéresser aux changes lavables de beaucoup plus près – comme d'une marque incontournable. L'efficacité des produits n'est plus à prouver !*

* **Modèles et accessoires proposés** : couches classiques, culottes imperméables et TE2, lingettes, boosters et sacs imperméables
* **Matières** : PUL, micropolaire, coton, polyester, bambou
* **Label** : Oeko-Tex® Standard 100
* **Lieu de fabrication** : France (63), fait-main
* **Tarifs** : couche classique à l'unité à 19,50 € • TE2 à l'unité à partir de 26,50 € • surcouche imperméable à 13,80 €

En vente sur www.bebes-lutins.fr

BOPOTIN

Marine était couturière depuis des années, mais dans le monde de la décoration. Tout a changé pour elle en 2018, à la naissance de sa fille. Elle s'est intéressée de plus près à l'écologie et s'est interrogée sur les produits qu'elle voulait utiliser pour son bébé. C'est pour cela qu'il lui a paru évident que sa fille porterait des couches lavables. Elle décide alors de se mettre derrière sa machine à coudre et de créer Bopotin !

“ **Mon avis** : *Marine et ses créations font partie de mes coups de cœur ! J'ai découvert ses TE1 récemment, je les ai immédiatement adoptées et ajoutées à ma boutique ! Les élasti'préplates sont pratiques et confortables, les shortys évolutifs sont redoutables contre les fuites.*

- **Modèles et accessoires proposés** : TE1, couches classiques, préplates, plates, shortys imperméables, lingettes, boosters, voiles polaires rectangulaires ou intégrales
- **Matières** : PUL, micropolaire, chanvre et coton
- **Labels** : GOTS, Oeko-Tex® Standard 100
- **Lieu de fabrication** : France (94), fait main
- **Tarifs** : couche plate et préplate à l'unité à 28 € • shorty à 26 € • couche TE1 + 1 insert à 45 € (sur commande)

En vente sur www.bopotin.com et sur www.mariannebertrel.com

BULLES À MALICES

Bulles à Malices propose une gamme de couches lavables qui se veut la plus responsable possible. La particularité de Bulles à Malices est son design tout en arrondi et en douceur. Anne-Laure propose des créations personnalisées (TE1 sur demande). Le chanvre et le coton bio sont rois chez Bulles à Malices !

“ **Mon avis** : *Des modèles originaux, une créatrice souriante et consciencieuse, les produits de Bulles à Malices sont faits avec amour et ça se voit !*

* **Modèles et accessoires proposés** : TE2, couches classiques, culottes de protection, lingettes, maillots couche de bain, sacs imperméables et culottes d'apprentissage
* **Matières** : chanvre, coton bio et PUL
* **Label** : Oeko-Tex® Standard 100
* **Lieu de fabrication** : France (38), fait main
* **Tarifs** : couche à l'unité entre 30 et 40 €

En vente sur www.bullesamalices.com

CADAENCE

Cadaence a été créée par un couple, Nathalie et Olivier ! L'arrivée de leur bébé leur a donné envie de consommer moins et mieux pour préserver la santé de leur enfant et de la planète. Leur objectif : créer des produits beau et sain en privilégiant les matières naturelles. La couche Cadaence est née : légère, parfaitement adaptée à la morphologie des bébés, dans un style rétro et élégant, en accord avec les valeurs écologiques que l'on souhaite transmettre à ses enfants.

CADÆNCE

“ **Mon avis** : *En effet la couche Cadaence remporte, pour moi, la palme de l'élégance. Le système de TE2 fonctionne bien, l'insert est fin, mais très absorbant. J'ai rapidement intégré cette couche à ma boutique, je pense qu'elle est parfaite pour les familles qui souhaitent adopter une utilisation mixte des couches lavables et jetables.*

* **Modèle et accessoire proposés** : culotte et cachette avec insert cousu (TE2) et lingettes.
* **Matières** : coton bio, tencel d'eucalyptus, chanvre, polyester, bambou et noix de corozo (boutons)
* **Labels** : FCS, Oeko-Tex® classe 1
* **Lieu de fabrication** : Portugal
* **Tarifs** : couche à l'unité de 59 à 63 € • coffret découverte de 129 à 139 € • équipement complet à 990 €

En vente sur www.cadaence.com et www.mariannebertrel.com

HAMAC

Designer industriel de formation et maman de 2 enfants, Florence Hallouin décide en 2007 de quitter son travail pour développer des couches lavables innovantes, vraiment pratiques, fines et efficaces. Après des centaines de prototypes réalisés et 2 brevets déposés, la marque Hamac est lancée en juin 2010. Tous les produits Hamac sont fabriqués en France, ils sont gages de qualité, de respect de l'environnement et préservent la santé des bébés.

Hamac®

“ **Mon avis :** *La couche Hamac est sans aucun doute la plus célèbre des couches françaises. Elle est très confortable et l'effet « gros popotin » est limité. Mon petit conseil : essayez-les avant de vous équiper car le système Hamac ne convient pas à tous les gabarits de bébés.*

- **Modèles et accessoires proposés :** TE2 et TE3 hybrides (inserts lavables et jetables), maillots-couches, t-shirts anti-U.V., culottes d'apprentissage, sacs de stockage et de lavage, lingettes
- **Matières :** coton, micropolaire, PUL
- **Labels :** Oeko-Tex® Standard 100, GOTS, OFG (origine France garantie)
- **Lieu de fabrication :** France
- **Tarifs :** couche à l'unité à partir de 35 € (culotte + insert) • couche de bain à partir de 35 € • équipement complet à environ 600 €

En vente sur www.hamac-paris.fr et mariannebertrel.com

Le monde d'Hélo

Rachel, maman de 3 enfants a toujours eu la fibre écologique. Elle utilise en majorité du coton labellisé GOTS avec de jolis motifs qui racontent des histoires. Pour permettre à bébé de découvrir le monde en toute liberté, ses créations sont sans élastiques et sans étiquettes intérieures. Le monde d'Hélo c'est aussi des vêtements évolutifs et adaptés aux fesses des bébés en couches lavables.

Le Monde d'Hélo

« **Mon avis** : *Ce que Rachel propose aux bébés ? De la douceur, du confort et des motifs tout droit sortis d'un conte pour enfants. Un système très abouti : alliance d'une préplate très absorbante et d'un shorty de protection à enfiler, pour ceux qui n'en peuvent plus des boutons-pression !*

* **Modèles et accessoires proposés** : préplates (à velcro ou à Snappi), shortys de protection (à enfiler), boosters
* **Matières** : chanvre et coton bio, jersey de coton et PUL
* **Labels** : GOTS et Oeko-Tex® Standard 100
* **Lieu de fabrication** : France (64), fait main
* **Tarifs** : plate et préplate à partir de 26 € • shorty de protection à 32 € • insert à 16 €. Booster à 9 €

En vente sur wwwlemondedhelo.fr

LES COUSETTES DE BB CHA

Virginie est maman de 4 enfants. Elle a débuté la couture au début des années 2000 pour faire de jolies robes destinées à sa fille et aujourd'hui c'est son petit dernier Sacha, surnommé « bébé Cha » qui inspire ses créations. Il se réveillait toujours trempé après une nuit en couche jetable, alors Virginie a testé, modifié et retesté ses créations jusqu'à ce que ses couches lavables permettent à Sasha de dormir 12 heures bien au sec.

“ **Mon avis** : *Virginie a un univers très ludique, ses couches lavables sont colorées et gaies ! Les absorbants sont doux et très épais, ces couches iront à tous les bébés, petits ou gros pissouilleurs.*

* **Modèles et accessoires proposés** : TE1, TE2, inserts de nuit, sacs imperméables, couches de baignade
* **Matières** : PUL, micropolaire, microfibre et bambou
* **Label** : Oeko-Tex® Standard 100
* **Lieu de fabrication** : France (77), fait main
* **Tarifs** : couche TE1 ou TE2 à l'unité avec un insert de nuit à 35 €
    * pack 10 couches + 10 inserts nuit + 10 voiles en polaire à 315 €
    * couche de bain à 30 €

En vente sur www.lescousettesdebbcha.fr

LILUPOPOTIN

Lilupopotin est une jeune marque créée en juin 2019 par Élodie, une maman de deux adorables popotins, Lily et Lucas. Suite à plusieurs réactions de sa fille aux couches jetables, elle passe aux lavables et décide de créer ses propres couches et son propre système. À force d'en parler aux mamans et voyant que celles-ci semblaient très intéressées par son système, elle crée sa propre marque pour aider les bébés à ne plus avoir de petites fesses rouges.

“ **Mon avis** : *Un système de couche préplate revisitée, le LiluConfort associé à un LiluShorty est simple, mais très efficace. Soucieuse de l'environnement et du bien-être des peaux fragiles et sensibles des plus petits, la marque réalise ses produits dans des tissus bio certifiés GOTS et/ou Oeko-Tex® Standard 100.*

* **Modèles et accessoires proposés** : préplates (contours), shortys, lingettes et sacs imperméables
* **Matières** : coton, micropolaire, PUL
* **Labels** : Oeko-Tex® Standard 100, GOTS
* **Lieu de fabrication** : France (44), fait main
* **Tarifs** : couche à l'unité entre 20 et 30 € selon les modèles

En vente sur www.lilupopotin.fr

LULU NATURE

À l'époque où Valérie était enceinte, il n'existait pas de fabricants français de couches lavables écologiques. Couturière par passion, elle décide donc de concevoir et de fabriquer plein de choses pour ses enfants, notamment des couches lavables naturelles, efficaces et durables… Thierry, son mari, atterré par la quantité de déchets produits par les articles jetables pour bébé, songe qu'il y a sans doute d'autres tribus qui aimeraient protéger leurs petits. Le projet mûrira et c'est en 2004, que Lulu Nature éclot afin de proposer aux familles les premières couches lavables et lingettes pour bébé et maman.

Lulunature “ **Mon avis** : *Les couches lavables Lulu Nature sont des incontournables, d'excellente qualité et aux finitions parfaites. La marque garantit des articles écologiques et des conditions de travail respectueuses pour ses salariées.*

* **Modèles et accessoires proposés** : classiques, boxers imperméables, TE2, couches de nuit, sacs imperméables, lingettes, couches lavables pour grands enfants et adultes
* **Matières** : chanvre, bambou, coton bio et PUL
* **Label** : Oeko-Tex® Standard 100
* **Lieu de fabrication** : France (38), fait main
* **Tarifs** : classique à partir de 16 € • boxer à 13,95 €, TE2 à 16,50 € • couche de nuit à 21,50 €

En vente sur www.lulu-nature.com

MAYABOO

Magali est la créatrice des couches lavables personnalisables Mayaboo. Elle s'est lancée dans l'aventure avec passion à la naissance de sa fille. Vous pouvez choisir le système de fermeture : par velcro ou par boutons-pression, et les motifs de votre couche. Chaque culotte est fournie avec deux inserts et un voile en micropolaire.

Mon avis : *Le modèle est assez original, fin et échancré ce qui limite l'effet gros popotin, tout en étant évolutif de 3 à 15 kg environ. C'est une jeune marque que j'ai conseillée pour qu'elle puisse s'améliorer. Le petit plus de ces couches : elles peuvent tout à fait servir pour la baignade, à la piscine ou à la mer !*

- **Modèles et accessoires proposés :** TE1 ou TE2
- **Matières :** PUL, chanvre, bambou, micropolaire et microfibre
- **Labels :** Bio et Oeko-Tex® classe 100
- **Lieu de fabrication :** France, fait main
- **Tarifs :** couche à l'unité à 33,99 € • kit d'essai à partir de 69,99 €

En vente sur www.maya-boo.com

MON PETIT PAQUET

Virginie et Émilie sont deux mamans qui veulent offrir le meilleur à leur progéniture, tout en faisant attention à la planète. C'est ainsi qu'elles ont décidé de se lancer dans l'aventure des couches lavables. Fabriquer en France et local était pour elles primordial, de même que mettre en valeur un métier trop souvent exporté. Elles souhaitaient aussi utiliser des matières saines et naturelles. Il leur aura fallu plus d'un an pour créer une couche performante dont elles sont fières. Virginie l'utilise même pour ses enfants !

“ **Mon avis** : *Une des rares marques françaises à proposer des modèles qui résistent à un lavage à 60 °C, ce qui facilite le décrassage. Leur couche TE1 fait partie de mes préférées. Elle pourrait vite devenir la favorite des parents qui veulent un système simple et résistant, ainsi que des crèches et assistantes maternelles.*

- **Modèles et accessoires proposés** : TE1, TE2, sacs imperméables et lingettes
- **Matières :** coton, tencel (eucalyptus), microfibre et PUL
- **Label** : Oeko-Tex® Standard 100
- **Lieu de fabrication** : France (34), fait main
- **Tarifs** : TE1 ou TE2 à l'unité à 29,90 € • insert supplémentaire à 25,40 € le lot de 3

En vente sur www.monpetitpaquet.fr et www.mariannebertrel.com

PREMIÈRE ÉTAPE

Première Étape est le projet de Léa et Lucie, deux amies et mamans adeptes des couches lavables et désireuses d'offrir des produits doux pour l'environnement et la santé des jeunes enfants. Toutes les couches qu'elles proposent sont fabriquées à la main en Auvergne. Il leur tient à cœur de choisir des matières premières ayant un impact limité sur l'environnement, non nocives pour la santé et garantissant de bonnes performances.

“ **Mon avis** : *J'ai pu tester la préplate Première Étape, elle est vraiment très douce et absorbante. J'aime beaucoup les illustrations et le choix des matières. Une belle découverte qui s'est glissée in extremis dans le guide car la marque est toute jeune !*

* **Modèles et accessoires proposés** : plates, préplates, langes en coton, shortys imperméables et lingettes
* **Matières** : tencel, PUL, polaire, chanvre et coton
* **Labels** : GOTS et Oeko-Tex® Standard 100
* **Lieu de fabrication** : France, fait main
* **Tarifs** : plates et préplates entre 9,90 € et 22,90 € • couche de nuit à partir de 20 € • shorty de protection à partir de 13 € • kit découverte à partir de 42 €

En vente sur www.premiere-etape.fr

P'TITS DESSOUS

L'idée des couches P'tits Dessous a germé en 2003 dans l'esprit d'une maman qui ne trouvait pas son bonheur parmi les couches lavables disponibles à l'époque. Ingénieure de formation, elle met à profit son expérience pour dénicher des **textiles techniques** et concevoir un **prototype innovant**, qui a d'ailleurs été récompensé par un brevet. La première couche lavable P'tits Dessous connait un succès immédiat.

P'tits dessous – Les couches durables

« **Mon avis** : *C'est la marque de référence des couches lavables qui résistent au lavage à 60 °C et au sèche-linge. J'ai été convaincue dès les premières utilisations et je les utilise pour mes deux enfants. Ce sont celles que j'ai choisies pour la crèche dont j'ai été la directrice et pour mes enfants. La "So Easy" est une excellente couche de jour et la "Sweet Lili" est pour moi LA meilleure couche de nuit.*

- **Modèles et accessoires proposés :** TE1 pour la nuit, TE2, couches hybrides, classiques, culottes imperméables, sacs imperméables, boosters, lingettes et tapis à langer
- **Matières :** bambou et PUL
- **Label :** Oeko-Tex® Standard 100
- **Lieu de fabrication :** France et UE
- **Tarifs :** TE1 de nuit à 28,90 € • classique à 19,90 € • surcouche à 14,90 € • insert TE2 à 8,90 €

En vente sur www.ptitsdessous.com et www.mariannebertrel.com

WOOLILIE

Cette marque est le mélange surprenant des envies créatives et des convictions d'une maman chiropraticienne. C'est pendant sa deuxième grossesse que Julie a eu un déclic. Elle décide donc de créer ses propres couches lavables physiologiques sans plastique ! Elle s'efforce de trouver ce qu'il y a de plus sain et de plus pratique pour ses enfants et elle le partage maintenant avec vous.

“ **Mon avis :** *Pas de compromis possible pour cette maman engagée. Du local, du bio et du biodégradable ou rien ! Le résultat ? Des culottes et absorbants de très grande qualité. À essayer absolument si vous aimez les belles créations, le confort et l'efficacité.*

* **Modèles et accessoires proposés :** surcouches en laine, inserts en chanvre
* **Matières :** laine vierge 100 % mérinos, boutons pressions en PLA (amidon de maïs), inserts en molleton de chanvre (55 % chanvre et 45 % coton bio)
* **Label :** GOTS
* **Lieu de fabrication :** France (18), fait main
* **Tarifs :** couche en laine à partir de 74 € • insert supplémentaire à partir de 9 €

En vente sur sa page Instagram @Woolilie

Trouver un conseiller près de chez soi

Même si ce guide très complet vous aura appris énormément de choses sur les couches lavables, vous aurez peut-être besoin de conseils personnalisés. C'est pour cela que j'ai recensé des conseillers et des revendeurs de couches par département. La plupart d'entre eux proposent aussi de la location et de la vente de couches lavables, et certains un service de nettoyage.

AIN (01)

Enfants de Cybèle a été créé par Isabelle. Elle est conseillère en couches lavables, monitrice en portage et massage bébé et praticienne en massage bien-être pré- et postnataux.

- **Site web** : www.enfantsdecybele.com
- **Téléphone** : 06 12 89 11 38

Family Bien Naître. Amandine est doula et accompagnante à la parentalité. Elle propose de la location et de la vente de couches lavables et anime des ateliers de découverte (chez vous, chez elle ou par visioconférence). Elle intervient entre Lyon et Bourg-en-Bresse.

- **Site web** : www.familybiennaitre.com
- **Mail** : familybiennaitre@gmail.com
- **Téléphone** : 06 63 36 44 49

Achat et location uniquement en ligne

CALVADOS (14)

Bebiomena. Marianne est conseillère en couches lavables à Rennes. Elle y propose des ateliers, de la location et de la vente de couches lavables.

Site web : www.bebiomena.fr

* **Adresse** : 20 rue des Landelles, 35 510, Cesson-Sévigné

Achat en ligne uniquement et retrait en magasin, pas de livraison possible

GIRONDE (33)

HiPopo est une boutique de couches lavables située à Bordeaux. Pauline propose aussi un service de location et de lavage des couches. Petit plus : la livraison à vélo est possible.

Site web : www.hipopo.fr

* **Adresse** : 31 avenue Charles de Gaulle, 33 200, Bordeaux

Achat en ligne et en boutique, livraison partout en France. Service de nettoyage disponible uniquement sur Bordeaux

La couche verte. Madeleine et Mathieu vous proposent de la location et de la vente de couches lavables et des ateliers de découvertes dans la région de Rions.

Site web : www.lacoucheverte.fr

* **Téléphone** : 06 25 63 15 27

Achat et location en ligne uniquement, livraison partout en France

HÉRAULT (34)

Couchi Coucha. Pauline anime des ateliers couches lavables dans la région montpelliéraine. Elle propose aussi deux kits de location de couches : un P'tit Kit et un Grand Kit.

- **Site web** : www.couchicoucha.com
- **Mail** : couchicouha@gmail.com
- **Téléphone** : 06 42 94 50 94

Location en ligne uniquement, livraison partout en France

La Chouette Parenthèse. C'est un café parents/enfants écoresponsable qui se situe Montpellier. À la fois salon de thé et boutique accueillant des ateliers de couches lavables, cet endroit hybride propose la location et la vente de couches. Chloé, la créatrice du lieu privilégie le *made in* France ou *made in* (proche) Europe, ainsi que des produits certifiés et labellisés.

- **Site web** : page Facebook « La Chouette Parenthèse »

INDRE-ET-LOIRE (37)

Marianne Bertrel, accompagnante parentale. Via mon site vous pouvez louer et acheter des couches lavables ainsi que des accessoires de puériculture durables, naturels et bio.

- **Site web** : www.mariannebertrel.com
- **Mail** : marianne.accompagnante@gmail.com
- **Téléphone** : 07 87 84 08 90

Location et achat en ligne, retraits possibles en drive à Fondettes ou livraisons à domicile en Touraine.

ISÈRE (38)

Kangoo-Couche. Cette entreprise a été créée pour vous aider à utiliser des couches lavables en toute simplicité. Elle propose de la location et de la vente de couches lavables ainsi qu'un service de lavage.

- **Site web** : kangoo-couche.fr
- **Mail** : kangoo-couche@orange.fr
- **Téléphone** : 06 25 60 27 36

Location et achat en ligne, livraison partout en France. Service de nettoyage disponible uniquement dans un rayon de 50 km autour de Saint Maurice L'Exil (38 550)

LANDES (40)

Les ateliers de Maliti. Karine Gandy est conseillère en couches lavables et en produits d'hygiène réutilisables, pour les familles et les professionnels.

- **Site web** : www.lesateliersdemaliti.com
- **Mail** : karine@lesateliersdemaliti.com
- **Téléphone** : 06 85 53 30 71

LOIRE-ATLANTIQUE (44)

L'atelier des langes. L'association propose de la location et de l'entretien de couches lavables à Nantes et dans sa première couronne. Ce service est accessible aux professionnels et aux particuliers.

- **Site web** : www.latelierdeslanges.fr

Location uniquement en ligne, livraison partout en France. Service de nettoyage accessible seulement aux personnes vivant autour de Nantes.

Le Cul dans l'Herbe est une boutique de location et de vente de couches lavables neuves et d'occasion à Nantes. Céline et Margaux proposent aussi des ateliers de découvertes, en groupe ou en individuel.

- **Site web** : https://www.leculdanslherbe.fr
- **Mail** : hello@leculdanslherbe.fr
- **Téléphone** : 07 71 59 02 76
- **Adresse** : 7 rue Flandres-Dunkerque, 44 000, Nantes

Location et achat en ligne et en boutique

NORD (59)

Kokpit a été créé par un tonton et un papa, Niclas et Simon. Ils proposent de la location de couches lavables à Lille et dans sa métropole. Un service de lavage est prévu pour 2021.

- **Site web** : https://kokpit-couche.com
- **Mail** : contact@kokpit-couche.com
- **Téléphone** : 07 82 75 34 17

Location dans la région lilloise

BAS-RHIN (67)

L'harmonie de mon Cocon. Aurélie est accompagnante parentale et conseillère en couche lavable. Elle propose de la location de couches lavables, ainsi que divers ateliers de massage pour bébé, de portage ou encore de communication associée à la parole.

- Site web : https://lharmoniedemoncocon.wixsite.com/accueil
- **Mail** : lharmoniedemoncocon@gmail.com
- **Téléphone** : 06 40 47 71 11

Location possible après participation à un atelier ou contacter directement Aurélie

SEINE (75)

Ma Petite Couche. Créée par Philippe et Antoine – deux papas –, cette entreprise permet de louer des couches Hamac®. Ils proposent aussi un service complet de location et de lavage.

- **Site web** : www.mapetitecouche.fr
- **Mail** : contact@mapetitecouche.fr
- **Téléphone** : 01 84 19 61 84

Location en ligne partout en France. Service de location + lavage accessible seulement aux habitants de Paris 15e, 16e, de Malakoff, de Vanves, de Montrouge et de Boulogne-Billancourt

SEINE-ET-MARNE (77)

Transmission Portage. Sophie Godimus est monitrice de portage, et elle anime également des ateliers découverte des couches lavables.

- **Site web** : www.transmissionportage.com
- **Mail** : transmissionportage@outlook.com
- **Téléphone** : 06 98 23 11 26

DEUX-SÈVRES (79)

Association Parentalité et Partage. Si vous adhérez à l'association (20 € par an et par famille), vous pouvez emprunter gratuitement des couches lavables Hamac®. Vous serez guidé dans le choix, l'utilisation et l'entretien des couches. L'association propose également du soutien à la parentalité à Bressuire (ateliers parents/enfants, allaitement, portage, signes bébé, conférences...).

- **Site web** : parentalitepartage.blogspot.com
- **Mail** : parentalitepartage@gmail.com
- **Téléphone** : 05 49 74 00 04 ou 05 49 72 60 28

VAL D'OISE (95)

Porte-douceurs. Cette association est basée à Pontoise et a été créée par Anne-Laure. Elle propose des ateliers découverte et de la location de couches lavables. Elle est également monitrice de portage et anime des ateliers de langues des signes ou de massage pour bébé.

- **Site web** : www.portedouceurs.com

Contacter Anne-Laure via son site web pour la location

ÎLE DE LA RÉUNION

Ti'Pan. Cette entreprise propose un service de location, de livraison et de lavage de couches lavables Hamac® pour les locaux comme pour les vacanciers.

- **Site web** : wwww.tipan.fr
- **Mail** : contact@tipan.fr

BELGIQUE

Bébéco est un service de location et de lavage de couches lavables à Bruxelles.

Site web : www.bebeco.be

....

Boutiques en ligne de couches lavables (vente, location et ateliers) et de produits zéro déchet

Uni'vert Famille permet de louer et d'acheter des articles d'hygiène durables, de couches lavables, de culottes menstruelles, etc.

Site web : www.univertfamille.fr

Ecomome vend des couches lavables (la location est aussi possible), des produits d'hygiènes pour femmes, des articles zéro déchet pour la maison, etc., à prix abordable !

Site web : www.ecomome.fr

Rebelle de Nature vend des articles écologiques et zéro déchet pour toute la famille. Vous pouvez aussi louer et acheter de couches neuves et d'occasion de nombreuses marques. Leur boutique va bientôt ouvrir dans la Drôme.

Site web : www.rebelledenature.com

Les P'tits Natures est une boutique qui vend des couches lavables, des articles pour bébé et maman. Ils proposent aussi de la location de couches.

Site web : www.les-ptits-natures.fr

Ethics propose des articles zéro déchet, et les couches lavables y occupent une grande place (plus de 15 marques). La location de couches lavables est possible et vous pouvez même participer à des ateliers de découverte par visioconférence.

Site web : www.ethics.fr

Locacouche propose aux familles et aux collectivités de découvrir une vaste gamme de couches lavables grâce à des solutions de location courte durée et d'abonnements.

Site web : www.locacouche.com

C'est Culotté. Selon Faustine, le secret d'une expérience réussie avec les couches lavables ? Le mi-temps ! En fonction de vos envies et de votre emploi du temps, vous pouvez alterner entre le lavable et le jetable. Et si c'était simple finalement ? Venez découvrir, en plus de tous les conseils de la souriante Faustine, les kits et couches en location et à l'achat.

Site web : www.cestculotte.fr

Les assistantes maternelles et structures collectives qui acceptent les couches lavables

Il y a bien trop de structures d'accueil et d'assistantes maternelles en France favorables aux couches lavables pour pouvoir les citer toutes ici. Je vous invite donc à vous rendre sur mon site www.guide-couches-lavables.fr pour consulter cette liste que je mets régulièrement à jour.

Remerciements

Alexandre et moi tenions à remercier tous ceux qui ont participé à notre campagne Ulule. Vous nous avez permis d'avoir une belle visibilité et de prendre conscience que ce guide pouvait intéresser de nombreux futurs et jeunes parents.

Alors un grand merci à Alexia B, Fabien B, Noëlle B, Alain B, Séverine J, Noémie B, Jessica M, Lucie G, Alexandre P, Patricia K, David F, Sonia B, Anne-Sophie D, Bérengère B, Clémence F, Jacques F, Nathalie F, Élisabeth S, Armelle L, Fiona C-L, Éric C-L, Salomé D, Jérémy V, David R, Indira G, Laura G, Alexis C, Aurélie W, Fanny N, Claudine B (alias mamie poule), Mathilde B, Marie-Charlotte C, Lauriane N, Floriane F, Sophie A, Alice F, Virginie C, Isabelle S, Thierry B, Le Drive du Bon Sens, Laurent L, Benebou, Aline D, Florence M, Les P'tits Natures, Chloé L, Adeline C, Anaïs R, Estelle R, Joël R, Charles J, Éva G, Faustine B, Ferreol C, Amandine B, Les Ateliers de Maliti, Sophie D, Anaïs D, Sylvie G, Julia D, Priscille R, Adrien B, Sur la Branche, Couchi Coucha, Delphine P, Rokiyah H, Antoine de C, Julie D, Élodie S, Lib & Lou, Bopotin, Micheline de B, Anne-Laure M, Amandine M, Laurie R, Noémie F, Claire P, Myriam L, Charlotte B, Carine S, Laure M, Brigitte L, Louise W, Caroline A, Mathilde I, Fanny F, Marion P, Élisa J, Flora J, Emeline B, Lucie C, Charlotte V, Caroline C, Fred L, Charlotte B et Linda S.

Je remercie également Bénédicte Moret de nous avoir fait l'honneur d'écrire la préface, les Eco'laveurs pour leurs partages et leurs coups de main, les éditions Thierry Souccar, les marques de couches lavables citées dans ce livre et La Corvette qui ont offert de beaux cadeaux à nos contributeurs. Je remercie également ma famille, en particulier ma belle-sœur pour le coaching, ma maman pour les relectures, mon mari pour ses illustrations qui viennent éclairer un livre qui aurait été bien triste sans elles. Merci à mes deux enfants chéris, Emma et Vadim, les testeurs professionnels de couches et enfin à leur petite sœur, qui est bien au chaud dans mon ventre au moment où j'écris ses mots. Vous êtes la raison de mon envie si forte d'accompagner ceux qui veulent changer le monde, une couche à la fois.